社会科授業サポートBOOKS

あなたの社会科授業は間違っていませんか

北 俊夫

JN032802

図書

まえがき

　残念なことですが，学校現場で社会科の授業研究が進んでいない実態が見られます。校内研究（研修）などで社会科という教科を重点的に取り上げている学校は，全国の何割ぐらいあるでしょうか。私の印象的な受けとめでは５％にも至っていないのではないかと思われます。

　小学校の教師に「教えづらい教科は何ですか」と問うことがあります。すると，多数の方から「社会科」という答えが返ってきます。「教え方がわからない」とも言います。にもかかわらず，校内での研修の機会が用意されていないのです。

　多くの教室で，どのような社会科授業が行われているのでしょうか。この種の調査結果はありませんが，たぶん，かつて自分が小学校や中学校などで教わってきた方法を思い起こしながら，授業を行っているのでしょう。あるいは，周囲の先生方の授業を見よう見まねで，自己流の社会科授業を展開しているのかもしれません。

　社会科は将来のよりよい社会の形成者を育てる中核としての教科です。社会科に課せられている課題を実現させるには，どの学校でもどの学級でも，社会科として備えるべき要件を押さえた最低限の授業が展開される必要があります。教師によって指導に大きな差異があっては，子どもたちに申し開きがたちません。

　子どもたちが社会人として成長するためには，よりよい社会の形成に参画するために必要な資質・能力を身につけなければなりません。このことは，社会科に関心をもち，社会科の授業に積極的に取り組んでいる教師から学ぶ子どもだけでなく，すべての子どもたちに求められます。

　教育の機会均等が保障されていますが，学校で提供される社会科に関する教育サービスにおいても，最低限の共通性は保障されるべきではないかと考えます。学習指導要領の目標や内容は，学校教育の共通性と標準性とともに水準性を維持・確保する観点から示されているものです。目標や内容を効果

3

的に身につけさせるための指導方法は，各学校で工夫されるものですが，最低限の共通した指導方法は必要です。

　本書『あなたの社会科授業は間違っていませんか』は，こうした学校現場の実態と課題を踏まえ，社会科授業の一層の充実と活性化を願って企画されたものです。

　第1章の「私の体験的社会科授業論」では，かつて私が学校現場で体験した13年間の実践期間のなかで出会い，いまも心に残っている子どもたちを紹介しています。大事にしてきた授業の姿を子どもの発言や作品などをもとに語ります。これらは，第2章の「こんな社会科授業をしていませんか」の問いに対する回答のベースになっています。実践から，私の社会科授業に対する基本理念を読み取っていただきたいと思います。

　第2章では，私が社会科授業を参観して気になっていること，社会科としていつの時代でも重視したいことを66の質問事項として抽出し，それぞれについて私なりに回答しています。一つの参考意見として受けとめ，捉え方に違いがある場合には「なぜなのか」を考えていただきたいと思います。質問事項には令和2年度（2020年度）から実施される学習指導要領にもとづく学習評価の考え方や評価方法に関する事項も含めてあります。これからの学習評価について研修を深める際の参考図書としても活用することができます。

　質問事項は多くが「～していませんか」の形態をとっています。こうした表記は，今日の社会科授業に多くの課題や問題点があることを示唆しているものです。目次に示された66項目のそれぞれについて，まず「Yes」「No」で回答してから，読み進めてはいかがでしょうか。

　本書は社会科の授業を日々実践している教師だけでなく，社会科授業の指導・助言に携わっている先生方にも提供するものです。指導・助言の際に活用していただきたいと思います。

　令和元年10月

　　　　　　　　　　　　　　　　　　　　　　　北　　俊　夫

Contents

私の体験的社会科授業論

—いまも心に残る子どもたち—

　私はかつて小学校の現場に13年間籍を置いていました。学級担任は多くが5・6年でした。小学生に直接指導していた頃からすでに40年近くも経ちますが，いまも忘れられない子どもたちがいます。いまも記憶に残っている社会科の実践があります。それだけ衝撃的だったのでしょう。

　学校や研究会などに出かけて，社会科について語る機会があります。そのとき必ず思い浮かぶのが当時の授業です。現在の私の社会科授業論の原点が当時の実践にあるのではないかと，いまにして思います。

　先輩の教師から口酸っぱく教えられたことは，指導方法だけでは授業にならない。山（目標）の登り方にはさまざまある。伝えたことで教えた気持ちになるな。授業に入ったら指導案は捨てろ。教師の「出番」がカギになる。授業の記録を丹念にとり子どもに学べ。一人一人の子どもの変容とその契機を捉えろなど，枚挙にいとまがありません。当時は何のことだかわかりませんでしたが，いま改めて思い起こすと，それぞれの言葉の重みを感じます。

　今日，社会科の授業を参観しながら，これで社会科の役割が果たせているだろうか。これで子どもたちは何を学び取るのだろうか。これで子どもたちが本当に育っていくのだろうか。先生は社会科を楽しみながら教えているのだろうかなどと思うことがたびたびあります。

　本章では，社会科授業の課題や問題点，改善点を述べるまえに，いまも心に残る子どもたちの姿を紹介します。これは私が社会科授業を語るときの原点であり，私の「体験的な社会科授業論」です。

突然泣き出した子どもたち
―教材への共感―

　5年の水産業についての学習でのことです。実践当時，瀬戸内海での赤潮の発生が社会問題になっていたこともあり，赤潮の被害を教材に漁師の苦悩ぶりを取り上げました。

　まず，瀬戸内海で赤潮が発生した地域の広がりを地図で確認したあと，赤潮はどのように起こるのかについて簡単に解説しました。次に，赤潮で大量に死んだ魚を船に揚げている様子の写真を提示しました。子どもたちから「わあ，気持ち悪い」「何かがおなかから出ている」「（たくさんの魚が）くさってしまった」などと悲惨な魚を見た感想が続きました。

　写真には2人の漁師さんが写っているにもかかわらず，その方々には関心が向いていませんでした。このような被害にあった漁師に対してどのような感情をもっているのかを素直なかたちで表出させたいと思い，「死んだ魚をとったおじさんは，どんな気持ちになるかな？　漁民の気持ちを考えてあげようよ」と問いかけました。

　子どもたちは「魚が死んでしまって，がっかりしている」「工場の人をにくく思っていると思う」などと漁民の心情を容易に察していました。そこで漁民の気持ちを表した次の詩を提示して，子どもに読ませました。

せっかく　せっかく　育てた　わしらのはまちが　死んだ。
オラの舟　いっぱいに　死んだ。"赤潮"で死んだのだ。
オラは　一匹一匹　あみですくい，陸へ　持ち帰った。
　この時のオラの気持ち　オメーたちに　わかるか!!
　オラたち　明日から　どうやって　くらしていけば　いいのだ!!
　同じ日　海の底では　大量の貝が死んだ。
　オラたちの　海が　死んだのだ!!

　詩を読みながら，涙を浮かべている子どももいました。私は「『オラの気持ちがわかるか』って言っているんだから，気持ちを書いてみよう」と問いかけました。子どもたちは一斉に鉛筆を走らせました。どの子どもも書き終わったのを見計らって，子どもを指名しました。この部分の授業記録です。

市村　おじさんたちは，魚は自分の子どもと思っているのだから，その海や　　　　魚が死んだんだから，かわいそうだなあと思う。

教師　かわいそうだなあと思う。

幸田　赤潮のせいで魚が死んでしまったら，日本は，また魚が少なくなって　　　　しまう。おじさんたちの気持ちは，私にはわからない。

薄倉　前にニュースなどで赤潮発生という言葉を聞いたことがあった。しか　　　　し，そんなに気にしなかった。しかし，漁民の訴えに心を動かされた。　　　　ぼくは，漁民の姿を想像してみると，目頭があつくなる。（薄倉くん　　　　の発言は途中から涙声になり，同時にクラス全体が静まり返っていき　　　　ました。）

吉清　魚には限りがあるので，赤潮で死んでしまうぞ。魚を助けなくていい　　　　のか。ウワー……。（吉清くんは，発言の途中から突然大声をあげて　　　　泣き出してしまいました。）

教師　もう，読めないか？　ようし，いいよ。

太田　工場に対して，これをどうしてくれると，訴えていると思う。

　吉清くんが発言した頃から，学級のあちこちですすり泣く声が聞こえてきました。太田くんが発言したあと，山本くんが「自分たちが食べる魚を自分たちで殺している」と発言してからは，話し合いになりませんでした。予想だにしていなかった事態になりました。

　このとき，どのように手を打ったらよいのか，まったくわからず，子どもたちの泣く姿をただ見ているだけでした。子どもたちは工場に対して感情的な怒りをもっていましたので，もう少し冷静に考えさせる必要もあると考えましたが，このときは思いっきり泣かせることにしました。

　3分ほど時間が経過してから，私は「社会科の勉強だからね。働く人は減

り，自由にとることのできる漁場が狭くなり，海も汚れてきている。こうし
たさまざまな問題に対して，水産資源を確保するために，何も努力や工夫を
していないんだろうか」と問いかけました。子どもたちからは「何かしてい
ると思う」と，つぶやきが聞かれました。

　つぶやきを聞き入れながら，「そう，何かしている。どんなことをしてい
るんだろうね。それをこの次から調べていこう。そうすれば，いま泣いた涙
が……。少しは明るい顔になるかもしれません」と話しました。そして，
「水産業をはじめは，明るいイメージで描いていたが，調べていくとどんど
んどんどん，暗くなってきた」と捉えていた市村さんの発言を紹介したあと，
「漁民たちの知恵を調べていくことによって，怒りや悔しさをぶっ飛ばして
しまおう」と，子どもたちを励ましました。

　悲しい事実に出会えば，誰でも気持ちが暗くなり，時には怒りがこみ上げ
てきます。それをエネルギーに漁師の努力や工夫を追究していった子どもた
ちを思い出します。

　事例は変わります。公害問題を取り上げたときです。同じような反応が見
られました。四日市市の石油化学コンビナートの景観について学習したあと
のことです。新聞記事（昭和42年10月21日付の朝日新聞）と公害病患者の写
真を活用した授業でした。新聞記事は，四日市市から公害病患者に認定され
ていた女子中学生，塩浜中学校3年の南君枝さんが，ぜんそくの発作で亡く
なったという内容です。それまでは公害病で亡くなるのは老人が多かったの
です。育ちざかりの中学生にまで及んできたのは，四日市の公害が重大な時
期に入ってきた証拠だとも報道していました。写真は公害病と闘っていた頃
の君枝さんでした。

　新聞記事を読んだり，写真を見たりしながら，人間の生命を脅かす公害の
恐ろしさを実感していった子どもたちは，発言にもだんだん元気や覇気をな
くしていきました。女の子のなかには写真を見ていられなくなり，顔を机に
伏せてしまう子どもも出てきました。私はその様子に気づいていましたが，

注意する勇気がありませんでした。

　授業後の協議会で「先生の学級の子どもは授業中の姿勢が悪いですね」と指摘されましたが，その子どもは悲しくて泣いていたのです。資料に登場した君枝さんをあまりにもかわいそうに思い，そこで思考と学習意欲がストップしてしまったのでしょう。改善の余地のある授業でしたが，この子どもの姿はいまも心に残っています。

　公害の恐ろしさを実感した子どもたちは，その後，「このような恐ろしい公害がどうして起こったのだろうか」「公害をなくすために，どのような努力が行われてきたのだろうか」といった学習問題を追究していきました。

　さらに，明治新政府の諸改革を調べていたときのことです。一人の男の子（志村くん）が突然大きな声で「なぜ，こんなことが起こるのか！」と机を叩いて叫んだのです。志村くんは，それまでに「五箇条の御誓文」の内容を読んでいました。これからの世の中は江戸時代と異なり，大きく前進すると確信していたようです。ところが，殖産興業や地租改正，徴兵令などさまざまな改革が進む一方で，新しい負担に苦しむ民衆が一揆を起こしたことを知ります。学制が発布されて小学校ができても，行くことができない子どもがいたことを知ります。

　志村くんの描いていた明治維新とは違っていたのでしょう。「なぜ，こんなことが起こるのか！」と，爆発の声をあげたのです。このときには，感情を抑え，自分の考えを周囲の友だちに分かりやすく伝え，同意を得る工夫をすることも大切だと指導しました。

　喜怒哀楽という言葉があります。ここには4つの感情が示されています。うれしいときはうれしく，楽しいときは楽しく，また悲しいときには悲しいと，怒りを感じたら憤りを表すことは自らの感情に正直に生きている証しではないでしょうか。授業の場においても，自分に向き合い，自らの感情を大切にしながら学んでいくことは自分に素直な学びだと考えます。

イラストを描いて説明した子どもたち
―自己のイメージを視覚化―

昭和58年2月18日のことです。この日は「社会科における評価方法の研究―特に『関心・態度』を中心に―」をテーマに研究と実践を進めてきた結果の発表会でした。公開授業の日でした。

授業は，6年の小単元「発展途上国と国連のはたらき」の導入の時間で，途上国の「貧しい」子どもたちに対する素朴な感情を大切にしながら，世界の人々による組織的な努力や援助の必要性に気づかせることをねらいにしていました。

授業では，まず写真パネル（飢えで苦しむウガンダやソマリアなどの子どもたち）と，新聞記事（昭和57年10月19日付の毎日新聞「生と死のはざまで――アフリカ中央部の人々はいま」）を提示しました。

子どもたちからは一斉に「かわいそう」という同情の声があがりました。自分たちの豊かな生活ぶりと比べれば，当然の反応でした。「ぼくは，こんなに貧しくなくて本当によかったです」と発言する子どももいたほどです。この時点においては，こうした見方が本音であり，こうした意識を変えていくことに本小単元のねらいがありました。

資料から，子どもたちは，飢餓の状態に置かれている人々が世界には約8億人（当時のデータ）もいること，発展途上国と言われる地域が赤道を挟んで全世界に分布していることを知りました。そして，ユニセフ募金の経験などから，日本や日本人はこうした飢えで苦しんでいる人々を「どうにかしてあげなければならない」と，話し合いを展開していきました。

そのときです。佐々木くんが次のように発言したのです。

「日本は，オーストラリアから牛肉を輸入していますね。そして日本人向けに飼育しているオーストラリアの畜産農家とのあいだに，トラブル―牛肉戦争を起こしましたね。日本は自分の国と外国とのあいだのトラブルも十分に解決できないのだから，途上国の飢えた人たちを援助する資格はないと思

います。もっと日本の国の問題を解決したほうがいいです」

　それまで，貿易を例に，日本の産業や日本人の食生活は外国なしでは成り立たないことをすでに学習していた子どもたちにとって，また，自国を中心に考える傾向の強い子どもたちの意識から，佐々木くんの意見はきわめて分かりやすく，納得のいくものでした。事実，佐々木くんの意見を聞きながら，うなずく子どもも多く見られました。その場は，佐々木くんに反論する雰囲気はありませんでした。一番当惑していたのはこの私です。このままでは本時のねらいが実現できなくなってしまうからです。

　多くの子どもたちが佐々木くんに同調しかかっていたときです。本郷くんが黒板の前にスタスタと出てきて，下記のようなイラストを黒板に描きながら，次のように反論したのです。

　「ここに気球があります。中には，土ではなくガスが入っています。発展途上国は，日本から遠く離れたところにあるかもしれませんが，例えば，食料危機のような問題が途上国で起こるということは，そこからガスが抜け出してしまうということです。すると，気球はどうなりますか。気球がしぼんでいくと，やがて日本も影響を受け，世界中がダメになってしまいます。だから，途上国の問題は，日本の問題なのです。だから，いま，このガスもれをなくすために，援助が必要なのです」

　本郷くんのイラストを描きながらの説明は，子どもたちにきわめて説得力のある内容でした。この気球論は「宇宙船・地球号」の考え方です。地球を運命共同体と捉えたものでした。

　本郷くんは5年のとき転校してきました。はじめのうちはノートに自分の考えなどをほとんど書けませんでした。発表力は多少身についていましたが，断片的な知識を発表する程度でした。比較したり関連づけたり，総合したり

することはまだまだ不十分でした。物事を自己中心的に処理する傾向が強く，「発展途上国の問題は日本の問題」などとグローバルな見方や相手の立場で考えることはほとんどありませんでした。

　公開授業という場で私の授業を救ってくれたこともあり，本郷くんが描いたイラストは，いまも忘れられない授業のひとこまです。

　子どもが描いたイラストに次のような実践があります。「自動車工業の盛んな町・豊田市」を取り上げた学習でのことです。下記のイラストは，野田くんが表現した作品です。次のようなプロセスで完成したものです。

　野田くんは，まず親工場である組み立て工場を上部に大きく描きました。その中に，車体やエンジンなどとともに，流れ作業で取りつけていくベルトコンベアーを描きました。次に，その下に，２つの関連工場を描き，さらにその下やそのまた下にも小さな工場を描きました。そして，関連工場と関連

工場のあいだに組み立て工場に向けて矢印を描きました。矢印の上には，いずれも上を向いたトラックの絵が丁寧に描かれています。ここまでが第一段階です。

　ここまでのイラストは，親工場である組み立て工場を上のほうに描き，工場間の関係をいわゆるピラミッド型にまとめています。野田くんは工場を重層的に捉えていることがわかります。また，工場間の矢印にこだわり，トラックを一つ一つ丁寧に描いています。

　このあと，私は野田くんに「豊田市は，どのような町と言えるか

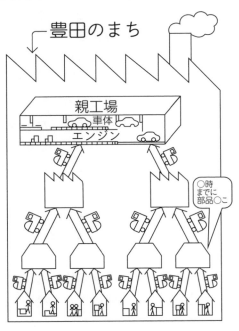

な」と問いかけました。すると，ピラミッド型に位置づいた工場の周りを囲むかたちで鋸型の「工場」（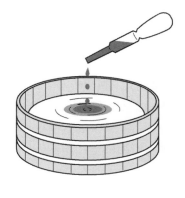）を付け加えました。そして，その工場の枠に「豊田のまち」と書いたのです。このイラストを作成した過程から，野田くんは工場間のつながりや役割だけでなく，豊田市を「自動車の町」「自動車工業の盛んな地域」として捉えていることがわかります。

　このあと，野田くんは「豊田市の道路は，関連工場と組み立て工場を結びつけたベルトコンベアーのようだね」と報告にきました。イラスト全体を町として捉えたことにより，矢印が道路に見え，さらにベルトコンベアーに置き換えたのです。野田くんのイラストはいまも忘れられない作品です。

　次のイラストも印象的でした。明治維新の頃をイメージしたものです。渡辺さんは下記のようなイラストを紹介しながら，次のようなコメントを付け加えました。

　「たらいには，水が入っています。そこにスポイトで赤いインクをたらしました。すると，表面だけが赤くなりました。明治維新とはこのような世の中だったと思います」

　子どもたちはまだ何のことを言っているのかがわからなかったようです。私は「どうしてこのようなイラストを描いたのですか」と問い返しました。すると，次のような説明が返ってきました。

　「明治政府はいろんな改革をしました。制度や生活の仕方も変えました。しかし，文明開化で見た目は変わりましたが，人々の意識は江戸時代とあまり変わらなかったのではないかと思ったからです」

　いまも私の心に残っている子どもたちに共通していることは，教師の観念を超えた，その子らしい発想や考え方をしていることです。

トイレに興味をもった子どもたち
―生活と授業の一体化―

　私には低学年の学級を担任した経験がありません。１年の学級担任が休んだとき，空いている時間に代わりに指導に入ったことがあります。１年の社会科の時間（中休みのあとの３時間目）のことです。当時はまだ低学年に社会科がありました。

　始まりのチャイムが鳴り終わって５分以上経ちましたが，５〜６人の女の子が教室に戻ってきません。子どもたちに「どうしたのかな。これでは社会科の勉強を始められないね。困ったね」と問いかけると，「知らない！」の声に混じって，「トイレにいました」と教えてくれた子どもがいました。

　まもなく，女の子たちはバタバタと教室に入ってきました。私は「授業に遅れてきたらダメですよ。みんなが待っているのですから」と少し“きつく”注意しました。遅れてきた子どもたちは，申し訳ないという気持ちで，神妙な顔つきでした。ある子どもが「だって，……」と言いかけました。こうした様子を学級のほかの子どもたちは見ていました。

　「だって，何ですか。言いたいことがあるのだったら，みんなにもお話しなさい」と，遅れた理由を説明するよう促しました。すると，「だって，トイレのトイレットペーパーがなくなっていたんです」「トイレットペーパーがあったのはたった１か所だけだったんです」「だから，時間がかかって，遅れてしまったんです。すいません」と，子どもたちは堰を切ったように話したのです。

　私は，子どもたちを席に着かせ，「トイレにトイレットペーパーが置いていないと困りますね。授業に間に合わなくなって，勉強が遅れてしまいますからね」と，いまの教室の雰囲気を代弁しました。すると，ある子どもから「そうだよ。早苗さんたちは悪くないよ。トイレットペーパーがなかったから，遅れたんだから」と弁護する声が出されました。「いったい，誰がトイレットペーパーを置いているんだろう」という疑問をきっかけに，「誰だ。

誰だ」の合唱が始まりました。「これは事件だ！」と叫ぶ子どももいました。

　私も同調して「誰だろうね」とつぶやきました。子どもたちからは「校長先生かな」「事務室の先生だよ」「保健室の先生がトイレットペーパーを持っているのを見たことがあるよ」などと，意見が錯綜しました。子どもたちの「予想した人」を分担して，急きょ聞いてくることになりました。

　その結果，この学校では用務主事さんがトイレットペーパーを用意してくれていることを突きとめました。

　この代理授業から，子どもたちはトイレにトイレットペーパーがきちんと置かれていないと授業に遅れること。この学校では用務主事さんがトイレットペーパーを用意してくれているので，勉強に困らないことを学んでくれました。授業の最後に，「今日，トイレットペーパーのないトイレがあったのは，先生のせいです。先生がわざと取り除いておいたのです」と，私が仕かけたことを告白しました。子どもたちから「やられた！」の声が浴びせられました。「学校ではたらく人」に関する授業のひとこまです。

　このとき以来，私はこの学級の子どもたちと廊下などで会うと，「トイレの先生」とか「トイレット博士」の異名で呼ばれることになりました。

　後日，再びこの学級に伺う機会がありました。以前の授業のことを覚えていたようです。ある子どもに「今日もトイレのこと，やるの？」と先手をとられました。

　「みんなの家には，トイレはいくつあるかな？」と唐突に聞きました。子どもたちからは「1個」「男と女，1つずつ」「うちは2階にもあるから，2か所」などと，反応が返ってきました。「大抵は，1か所か，2か所ですね。では，私たちの学校にはトイレはいくつあるかな？」と質問しました。子どもたちは「そりゃ，多いよ」「20くらいかな」「100以上だろう」などと，かってな数字を言いはじめました。

　「実際に数えてみなければわからない」ということになり，トイレのあるところを列ごとに分担して，男女ごとのトイレを数えてくることになりました。子どもたちは1階から3階までと，体育館やプールなどに散っていきま

した。戻ってきた子どもたちが報告した数字を合計すると，80か所になりました。

　子どもたちは80という数字にはまだ馴染みが薄かったので，大きな百マスの方眼の黒板に色を塗っていきました。多いことを予想していましたから，それほどの驚きはありませんでした。

　数字を見ながら「学校のトイレの数はどうしてこんなに多いのかな？」と問いかけました。すると，子どもたちから「それは子どもの数が多いからだよ」と，当たり前ではないかという表情で反応が返ってきました。

　「なるほど。この学校の子どもの数はおよそ400人ですね。使う人が多いからですね。では，学校の近くにある秋葉原駅のみなさんが利用する改札の近くには，どれくらいのトイレがあると思いますか」

　子どもたちからは「利用する人がもっと多いから，トイレの数も多いはずだ」「80の２倍か，３倍かな」「ぼく，利用したことがあるけど，そんなになかったよ」などの反応が出されました。このあと，「実は，男用と女用を合わせて，12か所です」と，数字を提示しました。

　すると「少ないね」「そういえば，私使ったことないよ」などのほかに，「どうして学校のトイレの数はこんなに多いのか」ということが改めて問題になりました。トイレの追究はまだまだ続きます。

　言うまでもないことですが，学校のトイレは，５〜10分間の短い休憩時間に大勢の子どもたちが一斉に利用するという特質があります。授業の始まりに遅れないように，施設の面で子どもたちの学習を支えています。この授業では子どもたちが「だから，安心して勉強ができるんだね」と，施設の役割を学んでいきました。ここに紹介した数字はいずれも当時のものです。

　トイレに関わりながら，子どもたちの学校生活を支えている人たちや施設の働きを学んだ子どもたちの好奇心と探究心は，いまも忘れられません。そのきっかけをどうつくるか。教師の遊び心の大切さを学んだ実践のひとこまです。

　トイレに関して，もう一つの忘れられない実践があります。

　６年の平安貴族の暮らしについて学習していたときのことです。子どもたちが手作りで描いた「源氏物語絵巻」の資料を見ながら，貴族の服装の様子や建物のつくりについて読み取り，疑問を出し合っていたときです。少しやんちゃな森田くんが「十二単を着た女の人は，トイレをどうしたのか」と，突然疑問を投げかけてきたのです。森田くんにとって，「源氏物語絵巻」の資料から強烈な問題意識をもったのでしょう。トイレは建物のつくりに関連していますが，平安時代の文化の特色を理解させることをねらいにしていましたので，「つまらないことに関心をもつものだ」と思いました。当日は大勢の保護者が見守っている授業参観日でしたので，「このことはあとで調べようね」と言って，森田くんの書いたカードを黒板のすみに貼りなおしました。「あとで」と期待をもたせたのですが，その後，調べる機会を用意することはありませんでした。

　しかし，どういうわけか，森田くんの疑問が私の脳裏から離れず，その後私はトイレの歴史に関心をもつようになりました。『便所のはなし』（鹿島出版会）という本に出会い，平安時代には樋殿と呼ばれた一間に，大便用の清筥と，小便用の虎子が置かれていたことを知りました。これは，いまで言う「おまる」のことです。この事実を知ったとき，森田くんはすでに学校を卒業していました。当時「面白い疑問だね。先生も知りたいので，図書館などで調べて教えてくれないかな」とどうして言えなかったのかと，いまも悔やんでいます。

　私は，わが国のトイレの歴史から，世界のトイレ事情に関心が移り，国際理解の観点からトイレについて調べることになります。さらに，トイレに関して福祉や健康，環境，風俗，芸術，食べ物など，さまざまな視点からアプローチするようになりました。トイレに関する研究がライフワークになり，いまわが家にはトイレに関する図書や資料などが150点以上もあります。そのきっかけをつくってくれたのが，森田くんの「十二単を着た女の人は，トイレをどうしたのか」だったのかもしれません。

授業で大事にしてきたこと
―先達が残した言葉―

わずか13年間の実践期間でしたが，授業づくりの大原則をたくさん学ぶことができました。学校を離れてから学んだこともたくさんあります。

最後に実践に当たって，努めて大事にしてきたことを箇条書きで整理しておきます。これらは社会科の授業を行うときに心がけてきたことです。

ここに示したことは，私が授業研究会などでいまも意識して若い教師に伝えていることでもあります。社会科の授業を参観する視点でもありますから，授業の助言者にも身につけてほしいポイントです。

- ●学習は個別に，しかも多様に成立している。子ども一人一人の表情を逃さず，つぶさに観察すること。
- ●子どもたちをゆさぶる発問を工夫し，子どもたちから多様な思考や理解を引き出すこと。
- ●教師は労を惜しまず，自ら教材を開発し，その教材に教師自身が感動すること。
- ●子どものつぶやきや何気ない反応を鋭敏に受けとめ，それらを教材として生かすこと。
- ●目標や発問のゴールイメージをしっかりもって，学習指導案を臨機応変に修正する力を養うこと。
- ●発言や活動において，子ども同士の関わり合いをつくり，思考や理解を練り上げること。
- ●子どもたちにとって教師とはいかなる存在なのかを常に意識して，子どもたちの前に立つこと。
- ●社会科は内容教科である。社会とはどのようなところなのかを理解・認識させることに使命があることを忘れないこと。

こんな社会科授業をしていませんか

―66のQで考える授業づくりの基本―

　現在，学校現場で社会科の授業を参観すると，私がかつて取り組んだ社会科，これまで考えてきた社会科とは，さまざまな点でズレや違いがあることに気づきます。誤解を恐れずにあえて申し上げれば，それは授業に対する安直さです。授業で資料を提示するとき，子どもたちに考えさせるとき，子どもたちの発言を引き出すときなどさまざまな場面で，授業者はどこまで深く考え，どこまで真剣に受けとめているかということです。

　先達は「教師は授業で勝負する」という名言を残しています。教師はよい授業ができてはじめて教師になるという意味です。勝負の相手は子どもたちであり教師自身です。授業は子どもたちと教師の真剣勝負です。私はかつて恐る恐る子どもたちに発問したことをいまも思い出します。その発問は，授業の成否を左右する天下分け目の勝負場面だったからです。子どもたちの思考を深めていくか，惑わせるか。発問一つにも重要な役割があります。

　社会の変化に伴って当然変えなければならないこともありますが，授業の本質は変わりません。授業の基本を変えてはならないと確信しています。

　ここでは，日頃から疑問に思ってきたことを「66のQ」として抽出し，それぞれについてこれまで考えてきたことや重視してきたことを解説していきます。一つ一つの問い（Q）について具体的に考えていくと，そこには共通した授業観や児童観，評価観，さらに社会科観があります。単なる指導技術の問題ではないことに気づきます。

　第1章で紹介した子どもたちがどのような社会科授業で育っていったのかを想像しながら読み進めていただきたいと思います。

社会科の授業で覚えさせることを躊躇していませんか。

　社会科の授業について話していると，子どもに知識を覚えさせる必要はない。覚えさせることはよくないことだと受けとめている若い先生方と出会うことがあります。社会科は「暗記教科」だとするレッテルが貼られているからでしょうか。はたまた，過去に中学校や高等学校での授業やテストなどで覚えることを強要されてきた，いやな思い出があるからでしょうか。国語科では，漢字やその筆順をしっかり覚えさせています。算数科でも掛け算の九九や計算の仕方を繰り返し身につけさせています。

　私はかつて，総合初等教育研究所から委嘱を受けて，「社会についての基礎的知識の習得に関する調査」を実施したことがあります。対象は全国から抽出した23の小学校の5年生（1574人）と6年生（2388人）です。いくつかの特徴的な結果を紹介します。

・「日本の総人口は，約（　　　）億3千万人である」

　「1億」と答えた割合は，5年が33.4%，6年が43.9%でした。

・「日本の総面積は，約（　　　）万km²である」

　「38万」と答えた割合は，5年が6.5%，6年が9.9%でした。

・「日本の首都は，（　　　）である」

　「東京（都）」あるいは「新宿区」と答えた割合は，5年が67.9%，6年が79.2%でした。

・「日本は，主に北海道，（　　　），四国，九州の大きな島々からなっている」

　「本州」と書けた割合は，5年が49.7%，6年が45.0%でした。

　また，調査では，日本地図に示された各都道府県名を選択して書かせる問題も実施しました。結果は，例えば宮崎県を正しく指摘できたのは，5年が48.6%，6年が45.2%でした。

　これらのデータから読者の方々は何を感じ取ったでしょうか。私は社会科

を実践・研究してきた立場から，これらの数字に強い衝撃を受けました。本調査をとおして，子どもたちは一般常識と言われる社会についての基礎的な知識を身につけていないことが明らかになったからです。社会科は「暗記教科」だと言われてきましたが，常識的な知識さえ知らないという現実でした。これでは，社会の人たちから「いまの社会科は何を教えているのか」と厳しく指摘されそうです。

　私は社会科を暗記教科として復活させることを期待しているのではありません。教師による知識伝達型の授業を善しとしているわけでもありません。知識軽視の風潮を少しゆり戻す必要があるのではないかということです。

　社会科の役割を果たすためにも，社会科の授業で身につけておかなければならない知識，社会生活を送るうえで最低限必要となる知識をしっかり身につけさせる必要があります。これらの知識を身につけさせる方法にはさまざまな手だてがありますが，時には覚えさせることも大切です。

　こうした趣旨や背景を踏まえて，学習指導要領には「方位や地図記号」「47都道府県」や「世界の大陸と主な海洋」の名称と位置を指導するよう示されています。

　学習や生活で必要な知識は躊躇することなく繰り返し覚えさせ，身につけた知識は社会科やほかの教科の学習はもとより，日常生活のなかで活用させます。記憶する能力のある子どもの時期に，覚えるという手法を取り入れることはけっして悪いことではありません。ただ，覚えさせる知識とは何かについては十分吟味・検討する必要があります。

子どもの頃は，記憶する力があると言います。社会科の授業においても，学習を進めたり生活を送ったりするうえで支障が出ないように，最低限必要な基礎的な知識はしっかり覚えさせ身につけさせます。興味をもって覚えることも一つの学習活動です。

社会科は「暗記教科」だと
受けとめていませんか。

　知識を暗記すること，覚えることは必要なことだと言いました。しかし，社会科に「暗記教科」というレッテルを貼ることは，世の中に社会科に対して間違ったメッセージを発することになります。

　先生方や保護者のなかには，中学校や高等学校での社会科の勉強に対して，教科書に示されたゴシックの用語を丸暗記し，ペーパーテストで試されたいやな思い出があります。覚えていなければ答えられない問題ばかりでした。これが社会科嫌いを生み出している要因にもなっています。覚えていればすらすらと答えられる問題ばかりでしたから，社会科は暗記力や記憶力の優れた子ども，知識の豊富な子どもには好かれていました。

　社会科の教科書の本文を国語科のように読み進め，「この部分は大切ですから，線を引いておきましょう」などと指示する授業にときどき遭遇することがあります。子どもたちは「ここはテストに出るところかな」などと想像しながら，言われたように作業します。社会科の勉強で大事なことは「大切なところを暗記すること」だと受けとめているようです。

　たとえ暗記してテストに臨んでも，テストが終わると多くは忘れてしまいます。そのうち死蔵されてしまうこともあります。自らの知識や思考の枠組みのなかに組み込まれていないからです。さまざまな知識は相互に関連づけられていないと，必要なときに引き出し，活用することができません。時間が経つと忘れ去られていくのは，身につけた知識がバラバラになっていて体系化，構造化されていないからです。

　和歌山県はみかんの生産の盛んな地域です。このことをただ丸暗記するだけではまったく面白くありません。和歌山県とみかんという用語だけを機械的に結びつけるだけでは何の意味もなく，知的な好奇心も生まれません。学習する楽しさを味わうこともできません。

　例えば，統計資料を活用して，みかんの生産額の多い県を3つ示します。すると，和歌山県，静岡県，愛媛県の順であることがわかります。次に，教師は「和歌山県ではどうしてみかんの生産が盛んなのでしょうか」と問いかけます。子どもたちはこれまでの経験や見聞などで習得している知識を総動員して，いろんな視点から予想するでしょう。そのあとに，気候や地形に恵まれていること，土地の質が適していることなどがわかる資料を提示して調べさせます。すると，子どもたちは「和歌山県はみかんの生産に恵まれた自然環境であること」を実感します。

　子どもたちは自然環境とみかんの生産を関係づけて考え，「和歌山県はみかんの生産の盛んな地域である」という知識を理解していきます。ここでは理解力や思考力が養われます。さらに「このことは静岡県や愛媛県にも当てはまるのだろうか」「静岡県や愛媛県のみかんの生産も同じ理由で盛んなのだろうか」と，ほかの県に応用・転移しようとします。こうした思考をとおして，応用力や転移力が養われていきます。

　今日，思考力，判断力，表現力などの能力の育成が課題になっています。社会科はこれらの能力を養うための中核になっている教科です。このことは今回各教科に共通に位置づけられた観点「思考・判断・表現」の評価が，社会科においては従来から実施されてきたことからもわかります。

　このように見てくると，社会科はけっして「暗記する教科」ではありません。観察したり資料を活用したりして「調べる教科」ですが，調べるだけでは不十分です。さらに，調べたことをもとに「考える教科」だと言えます。調べたことや考えたことは表現する活動につながります。

POINT

社会科は「暗記教科」ではありません。このレッテルを払拭することが社会科の役割を果たすために大切です。社会科は調べることを重視し，そのうえで考えることを大切にしている教科です。「調べ，考える社会科」の授業を追究していきたいものです。

社会科で学んだことは変わってしまうと思っていませんか。

　社会科は社会を対象に学ぶ教科です。社会が変わると，学んだことが変わってしまうことがあります。せっかく学んでも，習得した知識が使えなくなることがあります。

　例えば学校の周りの様子を調べて，学校の北のほうには田畑が広がっていることがわかっても，それはいまの様子です。時間が経つと，田畑に住宅ができたり，工場が建ったりして様子が変わってしまうことがあります。「学校の北の方角には田畑が広がっている」という知識はすでに過去のものになってしまいます。また，政治に関する学習で，国会議員を選ぶ選挙制度や衆議院と参議院のそれぞれの議員数を覚えても，議員の定数はその後変わることがあります。

　このように，地理的な状況や公民的な仕組みに関する知識は，時間が経つと変わる可能性があり，一旦身につけてもそれはそのうち使えなくなってしまうことがあります。

　こうしたことは歴史に関しても言えます。かつてわが国で最も古いお金は和銅開珎だと教えてきました。ところが，奈良の飛鳥池遺跡から富本銭が発見され，これはさらに古いお金らしいということが明らかになってきました。発掘調査や研究開発が進むと，それまで定説とされてきたことが，覆されてしまうこともあります。近年では，聖徳太子の肖像画や鎌倉幕府が成立した年，鎖国の名称などの信頼性が話題になっています。

　ここに紹介したような社会的な事象は，確かにそのうち変わってしまうかもしれません。そのため，「時間が経つとそのうち変わってしまう知識を学ぶことに意味があるのか」と考えるかもしれませんが，それは子どもたちに学ばせる知識を上記したようなレベルのものとして捉えているからではないでしょうか。

　社会科の授業で子どもたちに最終的に学ばせたいことは，変わりうるものではなく，変わらないものです。

　従来，変わる可能性のあるものを事実的な知識とか具体的な知識などと言ってきました。具体的には上記したような社会的事象に関する知識です。それに対して，変わらないもの，変わる可能性のないものとは，概念的な知識とか中心概念などと言われます。例えば次のような内容です。

- 身近な地域や市区町村の様子は，場所によって，あるいは時期によって様子が違っている。
- 人々が快適な生活を送るために，地域社会には飲料水，電気，ガスを安全で安定的に供給する仕組み（ライフライン）がつくられている。
- 国民の食料を確保している農業生産に関わる人々は，地形条件や気候条件など自然環境を生かしながら営んでいる。
- わが国の歴史は，よりよい社会をつくるために活躍してきた先人による問題解決の連続である。

　社会の具体的な知識を調べ，習得させるだけでは，「変わりうる知識を身につけることにどのような意味があるのか」と指摘されます。複数の具体的な知識をもとに，社会的事象の意味や働きなどを考えさせます。ここでは「調べる活動」を踏まえて「考える活動」を組み立てることが求められます。これによって，社会科の授業として成立したことになります。

　ここに例示したような知識は，数時間から十数時間，あるいはそれ以上の時間をかけて学ぶことによって獲得されていきます。

　各単元（小単元）の指導に当たっては，まずゴールイメージをしっかりもち，それに向かって子どもたちが学んでいくステップを考えます。

POINT

社会が変わっても変わらない普遍的な知識を獲得させるところに社会科の役割があります。そのためには，学習のゴールで最終的に獲得させる概念的な知識（学習内容）を予め明確にしておきます。

社会科は「調べ学習」の教科だと考えていませんか。

　私が学校現場で社会科の実践に取り組んでいた昭和45年度から昭和の時代が終わる頃までは、「調べ学習」という言い方をほとんど耳にしたことがありませんでした。問題解決学習、探究学習、発見学習などの言い方が一般的だったからです。

　「調べ学習」と盛んに言われるようになったのは、平成10年版の学習指導要領で総合的な学習の時間が創設されてからでしょうか。私は当時から「調べ学習」という固有名詞や言い方に違和感をもっていましたので、あえて「調べる活動」と言い換えたこともあります。

　なぜ、違和感をもったり、「調べる活動」などと言ったりしていたのか。それには次のような理由がありました。

　「社会科で調べ学習を！」などと言われるようになると、教師が丁寧に指導することがなくなり、ただ子どもたちに調べさせることだけを優先するようになりました。そこでは、子どもたちに好きなことを調べさせるだけで終わっていました。地域に出かけて調査活動をさせたり、インターネットで調べさせたりするなど自由に調べさせていました。

　そのため、なぜそれを調べたいのか。何を明らかにするために調べているのかなど、調べる動機や目的が曖昧になる事態も見られました。調べることが目的化してしまったのです。また、調べる方法を教えることなく、調べる活動を促していました。そのため、調べる力のある子どもとそうではない子どもでは、調べた内容に大きな差や違いが見られるようになりました。学校図書館に出かけても、目的にしている資料を探すことができず、ただうろうろしている子どもたちの姿も見られました。

　さらに、調べたことを新聞や紙芝居、模造紙などにまとめる表現活動が盛んに行われるようになり、作品をつくることが目的化されるようになりました。

　当時，教師は教えるのではなく，子どもの学習を支援することが大切だという風潮も見られ，その考え方が社会科にも及んできました。知識や技能を身につけさせることを躊躇したり，必要なことを指導することを軽視したりする傾向も見られました。

　社会科と創設された総合的な学習の時間とは，学習の対象や学習方法などに多く共通する部分がありました。そのため，社会科と総合的な学習の時間とはどこがどのように違うのかといった疑問や，この社会科授業は総合的な学習であって社会科ではないなどと厳しい指摘もありました。社会科は内容教科であり，身につけさせる学習内容が学習指導要領に定められています。にもかかわらず，ただ調べさせるだけで終わっていました。こうした現象は都道府県などが実施する学力調査の結果にも影響を及ぼしました。

　社会科の授業にさまざまな方法や手段で調べる活動を組み入れることはとても大切なことです。しかし，ただ調べる活動だけで終わってしまっては社会科の授業にはなりません。「調べ学習」という言い方にはこうした危険性が潜んでいます。

　社会科は調べたことやわかったことなどをもとに，「考える活動」が重要な意味をもっています。あえて言えば「考える社会科」です。

　「問題解決的な学習」という言い方が一般化してきました。これは問題把握，問題追究，整理・考察というステップを踏んで，問題を解決していく学習です。それぞれの場面には調べる活動や考える活動，さらに表現する活動が位置づいています。

　「名は体を表す」と言います。中身に合った名称を使いたいものです。

POINT

社会科において「調べ学習」という言い方は，ただ調べさせればよいという社会科に対して誤ったメッセージを発する可能性があります。調べる，表現する，話し合う，考えるなどのさまざまな活動を組み入れた「問題解決的な学習」を基本に展開します。

学習問題の「問題」を
学習上の課題と捉えていませんか。

　社会科の授業では学習のめあてを「学習問題」と言っています。学校や地域によっては「学習課題」とか，単に「課題」と言っているところもあります。いずれにおいても，これから，あるいは今日は何について学習するのかといった学習上のめあてのことです。

　ときどき「学習問題と学習課題はどう違うのですか」とか「どちらの言い方が正しいのですか」といった質問を受けることがあります。個人的にはどちらでもよいと思っています。各学校や個人が決めればよいのではないかとも思っています。ただ，社会科が発足した頃の学習指導要領（試案）には「学習問題」と表記されていましたので，私は「学習問題」という言い方をこれまで踏襲してきました。

　改訂された学習指導要領を見ると，各内容の冒頭に「学習の問題を追究・解決する活動」と示されています。これは従来から実践されてきた「問題解決的な学習」のことですが，ここには「学習の問題」と，「の」を含めて表記されています。これはどういうことなのでしょうか。

　「問題」という用語は，多くの場合，人権問題，労働問題，女性問題，人口問題，金銭問題など，社会や生活において解決すべき事柄に対して「○○問題」と言い表されています。この文脈から言えば，学習問題とは学習を遂行するに当たって解決すべき課題ということになります。例えば学習環境をどう整えるか。学習に必要な費用をどう工面するか。学習意欲をいかに育てるかなど学習指導上の諸問題ということになります。

　こうした用語の使用上の誤解が生まれないように，今回の学習指導要領ではあえて「学習の問題」と表記したようです。

　先の質問に戻ります。社会科における学習問題の「問題」を学習上の課題（めあて）として捉えていないかということですから，「その捉え方は間違い

ではない」と言えるでしょう。これまで，社会科の授業では社会問題を取り上げるのではなく，学習に当たって解決すべき学習上の課題をめあてとし，それを「学習問題」と表記してきたからです。社会問題には多様な価値観や立場が絡んでいます。保護者や地域住民にもそれぞれ言い分があります。そのために，学校教育の公平性，中立性を維持する観点から，授業の特質や子どもの発達段階を踏まえた，教育的な配慮にもとづくものでした。

　ところが，今回の学習指導要領には，社会科の教科目標や学年の目標に「社会に見られる課題を把握して，その解決に向けて社会への関わり方を選択・判断する力」を養うことが示されました。子どもたちに社会の課題解決に向けて社会への関わり方を考えさせることは，社会の形成者として必要な公民としての資質・能力の基礎を育成することにつながりますから，このことはきわめて重要な記述です。

　そのためには，教師が「社会に見られる課題」を選定し，課題に関する現状や問題点などを教材化する必要があります。ここでの学習問題は，社会の問題になります。例えば次のような学習問題です。

・地域の商店街をもっと元気にするには，どうしたらよいだろうか。
・節水型の社会にするには，どうしたらよいだろうか。
・わが国の農業をよみがえらせる方法を考えよう。

　さらに，例えば「小笠原村に空港をつくることに賛成か，反対か」といった，社会のなかで意見が分かれている課題を提起して，子どもたちに選択・決定させる実践も今後予想されます。

　社会の課題を取り上げ，地域により密着した授業を展開するときには，資料の作成や子どもたちの考えの処理に十分配慮する必要があります。

POINT

これからの問題解決的な学習は，学習内容を身につけさせる学習問題を中心に展開し，それを踏まえて社会に見られる課題を取り上げることが考えられます。学習問題を広く捉える必要があります。

社会科と総合的な学習の時間の実践を混同していませんか。

　総合的な学習の時間では，子どもの主体性をより重視しながら，地域に密着した学習が展開されます。社会科では，3・4年で学校の周りや市区町村，都道府県のことについて指導しますから，学習の対象やフィールドが重なっています。地域社会のことを学習するという点で共通しています。

　総合的な学習の時間に地域の環境に関連して，水やごみの問題を取り上げたとき，これらは社会科でも取り上げられますから，教材や活動が重複します。「地域ではどのようなごみが出されているのだろうか」「私たちはごみを減らすためにどうしたらよいだろうか」などといった問いは，社会科でも総合的な学習の時間でも，さらには家庭科でも耳にすることがあります。総合的な学習の時間で地域の美化活動に取り組むと，特別活動（学校行事）でのボランティア活動など社会奉仕との違いがわからなくなります。このような各教科等の特質が曖昧になっている状況をこれまでたびたび散見してきました。

　社会科では従来から問題解決的な学習を重視してきました。一方，総合的な学習の時間では探究的な学習が展開されます。いずれも子どもの問題意識にもとづく問題解決的な活動を重視しますから，学習方法においても類似性が見られます。

　社会科と総合的な学習の時間を関連づけて指導計画を作成するとき，社会科が総合的な学習になってしまったり，総合的な学習が社会科になったりすることもあります。関連づけるという名の下に，両者の役割が曖昧にならないようにしなければなりません。

　このように，社会科と総合的な学習の時間は学習の対象をはじめ，教材や学習方法などにおいて，多くの共通性や類似性がありますから，両者を混同してしまうことがあります。特に，国際理解や環境，エネルギー，防災，食

育，伝統・文化など教科を横断した現代的な教育課題をテーマに取り上げた授業を見ると，社会科か総合的な学習の時間か，さらには家庭科なのか，曖昧な授業に遭遇することがあります。道徳科と間違えることもあります。

　こうした事態が見られるのは，社会科や総合的な学習の時間などの特質を十分押さえておらず，明確な区別をしていないからかもしれません。

　ここで重要なポイントは，社会科と総合的な学習の時間には多くの共通性がありますが，指導の目標にしているねらいは違うということです。両者の共通性だけに目を向けることなく，どこが違うのかという固有性をしっかり押さえることが重要です。ここに社会科を社会科らしい授業にするためのポイントがあります。

　ここで改めて両者の目標を確認しておきます。

　学習指導要領の社会科の教科目標には，「グローバル化する国際社会に主体的に生きる平和で民主的な国家及び社会の形成者に必要な公民としての資質・能力の基礎」を育成することが示されています。これを踏まえて，各学年で身につける目標や内容が示されています。各学校ではいずれもこれらの記述内容を踏まえた指導を行うようになります。

　一方，総合的な学習の時間の目標は，学習指導要領に「よりよく課題を解決し，自己の生き方を考えていくための資質・能力」を育成することとあります。これを踏まえて，各学校が学校としての目標や各学年の目標・内容を定めるようになっています。

　社会科と総合的な学習の時間は，いずれも目指している方向性は共通していますが，趣旨や目標は明らかに違います。実践に当たっては，両者の共通性とともに，それぞれの特性や違いを押さえることが大切です。

特に３・４年の社会科を実践するときには，総合的な学習の時間との共通性とともに，違いを明確にすることが大切です。その違いは子どもに身につけさせる目標や内容にあります。

「主体的な学び」を子どもに任せることと受けとめていませんか。

　「主体的な学習」とか「一人一人を大切にする教育」などと言われるようになって久しく時間が経ちます。「主体的な学習」は「主体的な学び」と言い換えることもできます。学びの担い手はもちろん一人一人の子どもです。これまでも「学習は個別に成立する」と言われてきましたから，子どもたちが自ら課題を見つけて，自ら学び，自ら考え，主体的に判断しながら，よりよく問題を解決していくことはきわめて重要なことです。こうした子どもたちが育つことを誰もが願い，期待しています。そのためでしょうか，ややもすると，教師が指導すべきことを疎かにしたり，教えることを躊躇したりする状況が見られます。教師の指導が不十分だったり曖昧だったりします。

　こうした状況が見られるのは「主体的な学び」の捉え方に問題があるのではないかと考えます。すなわち，「主体的な学び」とは子どもたちに学習を任せることだと受けとめられているように思われます。

　社会科の授業で「自分の好きなことを調べてみよう」「資料を見て，気づいたことを何でも言ってみよう」などと，何でもありの許容量の大きな教師の言葉かけに出会うことがあります。子どもたちは教師の指示を受けて活動に取り組みますから，一見「主体的に」取り組んでいるように見えます。しかし，教師が十分に関わっていませんから，中身が伴っていません。まさに「活動あって学びなし」です。

　「主体的な学び」は，必要な知識や能力を発揮しながら子ども一人一人ができるだけ自力で学習に取り組み，問題解決できるようになることを目指しています。言い換えれば，教師がそばにいなくても，「一人で学びに向かい，取り組むことができる子ども」を育てることを将来的に目指しています。いきなり子どもたちにすべてを任せてしまうことではありません。成長・発達の過程にいる子どもたちにいますぐ期待することは無理です。子どもたちが

すでに主体的に学習に取り組むまでに成長していれば，教師は指導する必要がありません。教師がそこにいる必要もなくなります。

　子ども一人一人の主体性を尊重することは大切です。子どもの主体性を育てるために重要な役割を果たすものが「教師の指導性」です。子どもの主体性を尊重しすぎると，子どもは自由に活動しますが，必要なことが身につかなくなることがあります。社会科で言えば，大切な知識を身につけず「こんなことも知らないのか」と指摘されることにもなってしまいます。一方，教師の指導性を発揮しすぎると，子どもの学習態度は受動的になり，やらされている気分になります。指示待ち人間を育てることにもなります。

　「子どもの主体性」と「教師の指導性」をいかにコントロールし，マッチングさせるか。ポイントは子どもの実態把握（児童理解）にあります。

　「主体的な学び」を実現するために必要なことは，まず子ども一人一人の学びの状況を理解し把握することです。どこまで自分の力で学ぶことができるのか，能力がどのように育っているかを捉えることが指導の前提です。自分で課題を見つける方法や能力が身についていない子どもに「課題をつくりましょう」といきなり問いかけても，課題をつくることはできません。それまでに，課題のつくり方を指導し，つくる体験をさせておく必要があります。「学校の図書館に行って自由に調べてきましょう」と促しても，図書の並び方や探し方を知らなければ，必要な図書を探し出すことはできません。図書の探し方をそれまでに指導しておかなければなりません。

　「主体的な学び」を重視した授業をつくるとき，教師の役割とは何かを改めて確認し，子どもの主体性を尊重するあまり，知識や技能の未習得や学力の低下を招かないよう十分に留意したいものです。

POINT

「主体的な学び」はいきなり子ども任せの授業を展開することではありません。「主体的な学び」ができるように，子どもの状況を把握し，基礎的な知識や能力，学び方などを指導し身につけさせることが大切です。

「調べる」「考える」「わかる」の違いを理解していますか。

　社会科の授業では，「調べる」「考える」「わかる」といった用語がたびたび登場します。これらには次のような共通点があります。

　まず，いずれも活動や行為であることです。「調べる」と「考える」という活動は学習の目的ではないことも共通しています。次に，これらの主体者は子どもであることです。これらの活動を促すのは主に教師です。

　しかし，三者の根本的な違いは，それぞれの活動をとおして習得させる内容にあります。それぞれの違いを整理しておきましょう。

　まず「調べる」ということは，例えば，観察する，見学する，調査する，資料を活用するなどの調べる活動を言います。これらはいずれも社会の事象や状況を「見る」活動です。「見る」とは事実を知ることです。「見る」活動には，例えば，地域の人の動きを観察する，自動車の工場を見学する，お店の人にインタビュー調査をする，わが国の食料生産の現状を統計資料や地図，年表などの資料で調べるなど，調べる対象があります。インタビューや統計資料など調べる手段とセットで言い表される場合もあります。

　調べて明らかになることは，多くの場合，社会的事象の事実に当たるものです。調べて「目に見えたもの（こと）」です。一般に事実認識と言われています。この内容は対象によって違ってきます。

　次に，「考える」活動は社会的事象の事実をもとに行われます。比較・関連づけたり演繹や帰納などの操作をしたりしながら，考えを深め確立していきます。このことによって，事実認識の段階では見えなかった社会的事象の意味や働き，特色などに気づくことができます。これらの内容は社会の本質に当たるものですから，多くの場合，汎用性や一般性があります。

　「考える」とは「目に見えたもの（こと）から見えないことを考えること」です。このことによって，社会とはどのようなところなのかがわかるように

なりますから，一般に社会認識と言われています。

　最後に，「わかる」ということです。これまでの本文の文脈で整理すると，「わかる」ことには，調べて社会の事実がわかることと，考えて社会の本質がわかることの2つがあります。社会科の本質や役割から捉えると，真のわかるとは「社会がわかる」ことです。「調べる」活動で終わってしまっては，社会がわかったことにはなりません。社会科の授業においては「考える」活動を位置づけることが重要な意味をもっています。

　社会科では近年，社会に「関わる」ことが重視されています。「関わる」とは学習して身につけた知識や技能，能力や態度をその後の学習や生活の改善，社会の向上に生かすことです。これは応用・転移する学習や発展的な学習，さらに社会参画や社会形成を促す活動です。

　これまで述べてきた，「調べる」「考える」「わかる」，さらに「関わる」の関係を図に表すと次のようになります。

【社会を見る】────▶【社会がわかる】────▶【社会に関わる】

○調べる

・観察，見学，調査，
　資料活用

　　　　⇩

＊社会の状況や事実が
　わかる

○考える

＊社会的事象の意味や
　働きなど

＊国民生活との関連

　・比較，関連づけ

　・演繹，帰納など

○関わる

＊その後の学習に生かす

　・応用・転移，発展

＊生活や社会に生かす

　・生活改善，社会参画

POINT

社会科の授業では「調べる」「考える」「わかる」活動が展開されますが，それぞれの活動の意味を理解し，相互の関係性をつくります。さらに，社会科で学んだことをその後の学習や社会に生かす活動を位置づけ，社会に関わろうとする意識を養うようにします。

1単位時間の指導だけを考えた計画になっていませんか。

　社会科に限らず，いろんな教科で研究授業をするとき，どうしても当日公開する授業の進め方に関心が向きます。教材や資料を収集し，発問や指示の内容を吟味します。わずか1単位時間の授業のために多くの時間と労力を費やします。そのため，本時の授業の前時までに子どもたちを鍛えたり，必要なことを仕込んだりすることがあります。研究授業が終わると，ホッとして気が抜けたようになってしまうこともあります。

　授業者の立場になれば，このように対処する気持ちはよくわかります。多くの方が参観しますから緊張もします。そこでは，よい授業をしたいという意識が働きます。これは私の経験でもあります。このような授業を「一発燃焼型」と言っています。

　単元や小単元は1時間1時間が積み重なって構成されています。授業では「1単位時間」という言い方をします。通常は小学校45分，中学校50分です。「単位」とは学習時間を構成する基本となる要素です。研究授業などの1単位時間の授業に当たります。複数の要素が一つの「集合体」を構成しています。集合体とは単元や小単元のことです。

　私が大切にしているものの見方・考え方に「木を見て，森を見ず」という慣用句があります。これは，1本1本の木に心を奪われて，森の全体を見ないことです。細かなところに目がいきすぎて，全体を見失ってしまうことを言っているものです。日頃から，「木を見て，森を見ず」にならないようにしたいと自戒しています。私なりに「森を見て，木を見る」と言い換え，この手続きを大切にしています。

　社会科では，問題解決的な学習をとおして基礎的な知識や技能を身につけるとともに，思考力，判断力，表現力などの問題解決に必要な能力や主体的に学習に取り組む態度を養うことが求められています。こうした資質・能力

を身につけるためには，より長い時間をかけた授業づくりが必要です。

　その手順は，まず，小単元全体を問題解決的に構想し，それを踏まえて，1時間目の授業，2時間目の授業……と順に計画していきます。これは，小単元という森を概観してから，1本の木に当たる1単位時間の計画を作成するという手順です。このことは，まず小単元の目標にもとづくゴールイメージをもつことです。具体的には小単元を対象に問題解決的な学習を構想し，そこに各単位時間の小さな問題解決的な学習を位置づけることです。

　このような趣旨が浸透してきたこともあって，近年の社会科学習指導案には単元（小単元）全体の指導計画がこれまでより詳細に示されるようになりました。従来は各単位時間で取り上げる学習項目だけが箇条書きされていたり，本時の学習指導案だけが示されていたりしていました。

　こうした工夫には，次のようなメリットがあります。

●社会科は内容教科だと言われているように，社会に関する知識を習得・獲得させるところに教科の役割があります。1単位時間に身につけさせる具体的な知識とともに概念的な知識（中心概念）を習得・獲得させるために，数時間あるいは十数時間といった長い目で指導することができます。

●思考力，判断力，表現力などの能力や主体的に学習に取り組む態度は，短時間では育てることはできません。小単元や単元，さらに学期や学年といった息の長い指導ができるようになります。

●単元や小単元の指導計画を作成することによって，先を見通しながら指導することができるようになり，これによって，多少横道にそれることがあっても，修正することが可能になります。

POINT

社会科の実践に当たっては，まず小単元全体の学習展開を問題解決的に構想し，そのうえで本時の学習指導案を作成します。先を見据えて指導することは重要な授業づくりの基本です。

ほかの単元や学年の学習内容と 関連づけずに指導していませんか。

　これからの指導計画を作成する際には，「関連づける」ことが重要なテーマになっています。これまでも，学習指導要領の総則にはこれに当たる事柄は示されてきましたが，今回，カリキュラム・マネジメントという課題が重視されるようになり，さらにクローズアップされています。

　これまでは単元の指導計画を作成するとき，どうしても当該単元の内容だけを意識することが一般的でした。当然の対処方法だったのかもしれませんが，そこには次のような問題がありました。

　まず，思考や理解の深まりという面からの問題です。単元とは子どもの学習活動のかたまりのことです。より小さなかたまりは小単元です。これらの学習において子どもの思考は変容し，理解は深まっていきますが，子どもたちが複数の単元や小単元を連続して学んでいることを考えると，その明確な区別や線引きはないのではないでしょうか。単元や小単元はそもそも指導に当たって便宜上，教師が構成したものです。

　単元間の関連を重視した指導計画を作成することは，子どもに深まりのある思考や理解を実現させるために必要な手だてだと言えます。

　次に，習得した知識や見方の活用という問題です。単元の学習で身につけた知識や技能，見方や考え方などを生かしながら学習を展開することはとても大切なことです。応用力や転移力を発揮しながら，学びをさらに深めていくことができるからです。わが国の子どもは習得した知識や技能を活用して問題解決する能力が十分育っていないことが学力調査などから明らかになっています。こうした課題を解決するには，単元や小単元の学習内容相互の関連を図った指導計画を作成する必要があります。

　さらに，子どもたちを成長させるという視点からの問題です。これはより長期的な視点から縦断的なカリキュラムを作成することです。すなわち，学

年という時間の枠を据え，４年間の学習内容を視野に入れて，単元を配列・構成することです。社会科においては，各学年に示された内容が相互に関連しており，それらを総合化することによって，社会についての理解・認識を深めることができます。思考力，判断力，表現力などの能力や主体的に学習に取り組む態度などは短時間に育っていくものではありません。長い目で子どもを見守り，地道に指導していくことによって成果が期待できます。

　防災・安全の問題が重視されています。社会科においては，次のような学習内容や教材が配列されています。

・消防署や警察署は火災や事故などに対して，緊急時に対処するとともに，それらの予防に努めている。（３年）

　ここでは，消防署の働きを教材に学び取った「対処と予防」という見方を生かして，「警察署でも同じような働きをしているのだろうか」を学習問題にして発展的に学習することができます。

・自然災害から人々を守るために，発生時にさまざまな対処をしていることや災害の発生に備えてさまざまな備えをしている。（４年）

　ここでも，３年で獲得した「対処と予防（備え）」という知識や見方を生かすことができます。

・自然災害は国土の自然環境と関連して発生している。国土を保全し国民生活を守るために国や県はさまざまな工夫や努力をしている。（５年）

　ここでは，４年での学習を生かして，さらに国土全体に目を向け，自然災害に対する関心やわが国の国土に対する理解を深めることができます。

　さらに，６年で政治の働きを学ぶ際に，事例として自然災害からの復旧や復興を選択することができます。この場合，公助の観点から防災に関する学習を深めることができます。

POINT

社会科の学習がさらに深まりのあるものになるように，当該学年はもとより，他学年の学習内容との関連を図った指導計画を作成します。

社会科とほかの教科等を
関連づけて指導していますか。

　社会科の指導計画を作成し，実践する際に拠りどころになるのは，多くの場合，社会科の学習指導要領の記述です。ところが，これからの授業づくりでは社会科の学習指導要領を理解するだけでは不十分な事態になりました。理由は大きく捉えて，次の２つがあります。

　第一は，学習指導要領の総則の役割です。総則は「各教科等の要である」とか「各教科等を束ねている」などと言われます。このことは，総則には各教科等に共通した授業づくりの考え方や課題が示されているという趣旨です。社会科の学習指導要領を踏まえることは必要なことですが，それだけでは十分な授業になりえないと言えます。

　これからは共通性（総則）と固有性（社会科）の観点から学習指導要領を読み解き，総則に示された課題と関連づけた授業づくりが求められます。その総則には「主体的・対話的で深い学び」を授業で実現すること，「見方・考え方」を働かせた授業をつくること，「カリキュラム・マネジメント」を発揮することなどの課題が示されています。

　第二は，総則では教育の目的や目標を実現させるために教育内容を「教科等横断的な視点で組み立てる」ことを求めていることです。これはカリキュラム・マネジメントの一つの視点として重視されている課題です。

　時間割にはさまざまな教科や領域の名前が見られます。これらは子どもたちに学力や体力など「生きる力」を身につけていくための便宜上の学習場面です。子どもたちの頭のなかが教科ごとになっているわけではありません。学んだことは学力として，あるいは学び方や生き方として体系化されていきます。このことを踏まえると，一つの教科だけに固執して指導をすることは，学力を総合的に身につけることを阻害することになると言えそうです。

　これまでの取り組みを振り返ると，総合的な学習の時間の指導計画はその

趣旨を踏まえて，教科等との関連を図りながら作成されてきました。

　これからは社会科においても，他教科等との関連を意図的に計画し指導することが求められます。あえて「意図的に」と表記したのは，教師が強く意識して指導するという趣旨です。

　例えば，社会科授業で棒グラフや折れ線グラフなどの資料を活用するとき，算数科で習得したグラフの読み取り方や書き方などを生かすなど，算数科の学習内容と結びつけます。また，社会科でレポートや小論文を書かせるとき，国語科で学んだ文章の構成の仕方など書き方を生かして書くよう指導します。わが国の気候について指導するときには，理科で学んだ天気や気象に関わる学習内容と関連づけます。

　これからの社会科の授業では，このような取り組みを意図的に実践し，深まりのある学びをつくることが一層重要になってきました。そのためには，学習指導案に「他教科等との関連」という項を設けて，他教科との関連を明記することも考えられます。

　防災・安全教育の重要性がクローズアップされています。学習指導要領には，防災・安全教育に関する内容が社会科だけでなく，理科や生活科，体育科（保健領域），道徳科，特別活動（学級活動）などにも示されています。例えば，理科では，5年の「流れる水の働き」や6年の「土地のつくりや変化」の学習で自然災害に触れること。また，天気，川，土地などの指導では，災害に関する基礎的な理解が図られるようにすることが示されています。

　防災のほかにも，環境や食育，伝統・文化，国際理解などの教科等横断的な教育課題があります。これらの課題を取り上げる際には，各教科等の関連する学習内容を関連づけながら指導することが重要になります。

POINT

社会科だけに焦点を当てた指導から，ほかの教科の学習内容や子どもたちの学習経験に目を向け，相互に関連づけた指導計画を作成することにより，子どもたちの学びがさらに深まりのあるものになります。

授業時数の配分がバランスの欠けたものになっていませんか。

　研究授業や公開授業など特別な授業をするときや「ここぞ!」と思って指導する場合などには, どうしても予定されている時数以上の指導時間が必要になります。つい時間をかけすぎてしまい, そのあとのことが気になるといった経験は誰にでもあるでしょう。指導時間が足りなくなるという問題は教師共通の悩みだと言えます。

　子どもを育てることは, 子どもたちに調べさせることや考えさせること, 表現させることを重視しなければ実現しません。子どもたちは活動をとおして育っていくからです。活動には時間がかかります。また, 「待つこと」や「引き出すこと」を大切にしますから, これにも時間がかかります。子どもの主体性を尊重し, 思考や意欲を重視すると, つい時間がかかってしまいます。しかし, 時間をかけなければ子どもは育ちません。

　かつて, 社会科の時間に縄文時代の住居を復元する活動を組み入れ, 年間の半分以上の時数を使ったという, いまでは信じられない実践の模様を聞いたことがあります。ほかの学校ではけっして行われていない, きわめてユニークな特色ある取り組みでした。

　学習の時間を十分に保障することや時間のかかる活動を組み入れることはそれなりの意義がありますが, 次のような悩みや課題にぶつかります。

　年間の授業時数は定められています。一部の単元に時間を十分かけて指導する場合, その単元の教材や学習活動に関心を高め, 学習内容を深めたとしても, ほかの単元の指導が手薄になったり, 年間に計画されている学習内容が終わらなくなったりするという問題が起こります。

　6年では, これまで4月から「わが国の歴史」を学んできました。ついあれもこれも取り上げ, 深堀りして扱ってしまうため, 計画されている時数以上の時間を費やすことが少なくありませんでした。計画では11月末頃までに

は次の「政治単元」に移行しなければならないのに，1月になっても終わらないという悩みを聞いたことがあります。

　このような事態が起こると，そのあとの単元の学習が軽く扱われたり，教材や内容を年度内に終わらせることができなくなったりします。ペーパーテストなどを実施すると，指導の実態がテストの結果に反映され，望ましくない影響を及ぼすことがあります。子どもたちや保護者が学校や授業に対して不安感を抱くことにもなりかねません。バランスの欠けた授業の時数配分は，学校や教師への信頼をゆるがすことになる問題でもあります。

　年間の授業時数には限りがあります。そのなかで次のような配慮をすることが大切です。

　まず，予め年間の単元構成をしっかり立てておきます。教育委員会などが作成したものがあれば，それを参考に自校の実態に合ったものにします。ここで言う単元構成とは，単元とそれを構成している小単元を明らかにし，小単元ごとに指導時数を配分することです。

　次に，教材の選定を行います。社会科は事例や事例地が選択的な扱いになっているものが多いですから，小単元を構成するとき，学校としてどの事例等をメインの教材にするのか。また発展的な学習に位置づける事例等はどうするのかを決めておきます。網羅的な扱いにならないよう，時数や資料などに軽重を図ります。精選と重点化がポイントです。

　このような作業は，各学年の社会科の年間カリキュラムをマネジメントすることです。「木を見て，森を見ず」にならないよう，まずは森に当たる年間の単元構成をしっかり作成することが見通しをもって指導するうえで重要な要件になります。

POINT

社会科の授業を展開するとき，バランスの欠けた時数配分にならないよう，常に年間の見通しをもって計画的に実施します。事前に作成する年間の単元構成や指導計画は指導の進路を決める羅針盤です。

総合的な学習の時間との関連を
視野に入れた計画になっていますか。

　社会科は教科としての目標や内容が定められています。総合的な学習の時間には，その学校で定められた目標や内容があります。両者には明らかに固有なねらいがあります。

　総合的な学習の時間に国際理解や環境・エネルギー，情報，健康や福祉，伝統・文化，食育などの教科等横断的な教育課題を取り上げたとき，教材や学習活動のレベルで社会科との共通性が見られます。また，3・4年において，地域の課題などを取り上げて総合的な学習の時間を展開するときには，学習対象や場が社会科と重複することがあります。

　こうした場面では，社会科と総合的な学習の時間のそれぞれの独自性を尊重しつつ，相互に関連づけて実践することによって，より深まりのある学習が期待できます。このことは社会科を総合的な学習の時間として扱ったり，総合的な学習の時間を社会科の時間として活用したりすることではありません。両者を安易に融合してしまうと，社会科と総合的な学習の時間の役割がともに果たせないことになってしまいます。

　ここで，社会科と総合的な学習の時間との関連をいくつかのタイプに図化しておきます（次ページ参照）。

　タイプ①は，社会科から総合的な学習の時間への発展型です。例えば4年の社会科で地域のごみ処理の仕組みや方法，従事している人たちの働きについて学びます。次に，これを受けて，総合的な学習の時間で子どもたちに問題意識を醸成しながら，地域の美化活動に取り組みます。

　タイプ②は，総合的な学習の時間の取り組みを社会科の導入として位置づけるタイプです。社会科では，例えば5年の国土の公害に関する学習で，大気の汚染や水質の汚濁などの事例が取り上げられます。ここでは，総合的な学習の時間を活用して事前に地域の環境調べにチャレンジさせます。

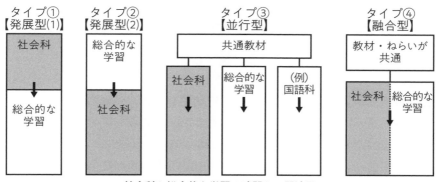

社会科と総合的な学習の時間との関連図

　タイプ③は，共通の教材や題材を設定し，相互に関連づけて実践する並行型です。同時期に並行して実践するところに特色があります。例えば６年で地域の福祉施設を共通の教材にした場合，社会科で福祉施設ができるまでの「政治の働き」を，総合的な学習の時間に施設の人たちとの交流活動を，国語科で体験を報告文や体験談にまとめる活動を，それぞれ並行して展開させることができます。ここでは，それぞれの教科等のねらいを重視しつつ，「福祉施設」という共通教材を軸にしています。

　タイプ④のように，社会科と総合的な学習の時間のねらいが一体化する，融合型のタイプがあります。例えば６年の国際理解単元「外国の人々のくらし」です。総合的な学習の時間にも国際理解を課題として取り上げることができます。両者のねらいは，ともに「世界の国々の人々と共に生きることの大切さ」を学ぶことにあります。こうした場面では，時数を合体して合科的な単元を構想することも可能ではないかと考えます。両者を安易に融合してしまうことがないよう留意します。

社会科と総合的な学習の時間には違いはありますが，取り上げる課題に共通性がある場合には，両者の関連性を重視した指導計画を作成し実践することによって，ともに指導の効果を高めることができます。

学習問題を子どもに言わせなければと思い込んでいませんか。

　社会科の授業を観察していると，学習問題を子どもに言わせなければならないと思い込んでいる先生があまりにも多いことに驚いています。そこには次のような共通した授業展開が見られます。

　まず，事前に資料を提示して気がついたことを自由に発言させています。資料は１枚の場合もあれば数枚の場合もあります。子どもたちからはさまざまな読み取りが出されます。子どもの発言の内容には，授業者の立場から，価値のあるものもあれば，瑣末なものもあります。

　次に，授業者は「これから調べたいこと，疑問に思ったことをノート（またはカードなど）に書きましょう」と問いかけています。子どもたちは自分の疑問などを自由に，思い思いに書き出します。多くの場合，カードは黒板に貼り出されます。グループで事前に整理して，報告させることもあります。表出された疑問などはいずれもその子どもにとって切実なものです。個別具体的な疑問であるところに共通性があります。小単元を貫くような，授業者の期待している内容（学習問題）を書いている子どもはきわめて稀です。

　そもそも子どもたちは教師が意図している学習問題を知りません。学習指導案は見ていませんから，当然のことです。

　子どもたちに「調べたいこと」を書かせたにもかかわらず，授業者は「では，それぞれ自分の課題を調べていきましょう」とは言いません。総合的な学習の時間や夏休みなどの自由研究であれば子どもに任せてしまうかもしれません。しかし，社会科の授業ですから子どもたちに共通して学んでほしい内容（知識）が予定されています。それらを身につけさせなければならないという意識が働いているからです。

　このあと授業者は子どもたちから出されたたくさんの，しかも多様な疑問をもとに，事前に計画していた学習問題に集約していきます。その文面は学

習指導案に示されているものです。この場面での授業者の姿を観察していると，苦難の表情に満ちています。多様で個別的で，かつ具体的な課題を一つの課題に収斂させることはけっして容易なことではありません。つい「これとこれは似ているね」「同じようなことを言っているね」など，教師が分類したり集約したりしていきます。子どもが最初に抱いていた素朴で切実な問題意識が徐々に遠ざかっていきます。せっかく子どもたちに言わせておいて「申し訳ないな」という，授業者の気持ちが伝わってくることもあります。なぜここまで苦しみながら学習問題をつくっているのだろうか。もっと誰もが簡単に学習問題づくりの場面の指導ができないものだろうかと感じます。

　学習問題は教師が指し示してはいけない。子どもたちに言わせなければならないという意識がどこかにあるように感じます。私もかつてこのように受けとめていた時期があります。しかし，拡散してしまった疑問や課題を集約して，一つの学習問題を設定することに違和感が禁じえませんでした。この場面が教師主導になっているからです。

　学習問題づくりとは，単に学習問題文を表現させることではなく，問題意識を醸成させることです。子どもたちに言わせなければ，子どもの主体性を尊重していることにはならない。教師が提起しては，子どもの自由意思を阻害することになるという，固定した観念を拭い去ることが重要です。このことは，各学校で校内研究を進めるとき，研究テーマをどのように設定し，研究の方向性を見定めているかを考えればわかります。

　社会科の授業は難しいと言われる要因の一つが学習問題づくりの場面にあります。早急に解決方法を示さなければなりません。

POINT

学習問題は子どもが表現するとか，教師が提起してはいけないといった単なる表現の問題ではありません。学習問題づくりは子どもの問題意識をいかに醸成するかという，教師の役割が問われる場面です。

子どもに「調べたいことは何ですか」と 聞いていませんか。

　子どもの意思を尊重することはとても大切なことです。教師が「今日の課題は〇〇〇です」と一方的に提示することと比べると，子どもたちから「調べたいこと」を引き出し，課題を設定することは子どもたちを尊重しているように見えます。しかし，「調べたいことは何ですか」と安易に問いかけることは，結果として子どもたちの意思を踏みにじっていることにはならないだろうかと気になります。

　次のような場面に出会ったことがあります。5年の「稲作の盛んな地域」の学習です。学習問題をつくる場面でした。

　まず，授業者は，庄内平野を空から広く捉えた写真（航空写真）を提示しました。教科書や社会科資料集などでよく見かける写真です。授業者は「この写真は山形県の庄内平野の様子です。写真からどのようなことがわかりますか」と聞きました。子どもたちからは次のような発言が出されました。

C　田んぼが広がっています。

C　田んぼの形がみんな長方形の形をしています。

C　集落が所々に集まっています。

C　田んぼのあいだを川が流れています。

C　遠くに高い山が見えます。地図帳に鳥海山と書いてありました。

　多くの子どもたちは，写真資料から読み取ったことを発表しました。授業者は「いろんなことがわかりましたね」と言って，「これから調べたいことはどんなことですか。ノートに書いてみましょう」と促しました。

　授業者の指示に対して，子どもたちからは「何でもいいのですか」「一つだけですか」などの質問や，「何にしようかな」といった戸惑いの声が聞かれました。子どもたちが「調べたいこと」としてノートに書いたことは，例えば次のようなことでした。

- 庄内平野はどうして米づくりが盛んなのだろうか。
- 田んぼの形はなぜ長方形なのか。
- 田んぼの緑の色が違うのはなぜだろうか。
- 米のつくり方を調べたい。
- 米の品種は何か。
- 働いている人がいないのはどうしてか。

　子どもたちからは実に多様な「調べたいこと」が出されました。疑問や課題を書いたカードは，子どもの数の2倍以上にもなりました。1枚の資料から疑問を見いだす活動にはもちろん意味があります。

　こうした授業展開の最大の問題点は「調べたいこと」を出させたあと，これらをどう処理するのかということです。子どもたちが抱いた疑問や課題を実際に調べさせるのであれば，子どもの意思を尊重したことになります。しかし，本小単元の目標に照らし合わせると，すべてを許容することはできません。子どもたちの「調べたいこと」には，なぜそのことを調べたいのか，切実性があまり感じられません。また，何のために調べたいのか，子どもたちに共通して目的意識や問題意識が見いだせないことも気になります。いずれにしても，にわかにつくった課題や問題という印象が拭えません。

　子どもたちが調べたいとしていることには多様性があり，質の違いも見られます。追究に耐えうるものもあれば，わずかな時間で解決してしまうものもあります。さらに，本小単元の目標を実現していくような内容になっていないもの，方向性がズレているものもあります。

　その後の追究の可能性を考えると，安易に子どもたちに「調べたいことは何ですか」と問いかけて学習問題をつくることには問題があります。

POINT

「どんなことを調べたいですか」と問いかけ，いろんな疑問を出させてから学習問題文を設定する手順がとられていますが，安易に聞くと，多様な疑問などが出され，授業者はそれらの処理に困ります。

「調べたいこと」を聞いてから
学習問題をつくっていませんか。

　小単元の学習問題を設定するとき，その学習問題を教師が問いかけることにどこか躊躇があるようです。そのため，多くの場合，次のようなステップで指導が展開されています。

(1)　資料を提示して「わかること」「気づいたこと」を発表させます。

(2)　「もっと詳しく調べたいことはどのようなことですか」と問いかけて，疑問を書かせます。

(3)　出された疑問を分類・整理しながら，教師が意図している学習問題を設定します。

　こうした授業を参観していると，次のようなことに気がつきます。

・(1)と(2)のあいだに関連性が見られない。

・(2)で出された疑問に子どもの切実性を感じない。また，疑問はその子どもなりのもので個別具体的である。そのために，疑問に多様性が見られる。

・(3)の場面で，学習問題に集約していくとき，教師主導になり，子どもたちの素朴な疑問や意識が徐々に遠ざかっていく。

　先に紹介した小単元「稲作の盛んな地域」の学習指導案には，「庄内平野で米づくりをしている人々は，米をどのようにつくっているのだろうか」という学習問題文が書かれていました。

　子どもたちが事前にもった「田んぼの形はなぜ長方形なのか」「田んぼの緑の色が違うのはなぜだろうか」「米の品種は何か」などの疑問とはかなりの距離があります。なぜこうした状況が生じるのでしょうか。

　端的に言えば，子どもたちのあいだに共通した問題意識が醸成されていない状況で「どんなことを調べたいですか」と問いかけているからです。だから，「何でもあり」の問題づくりになっています。多種多様な問題を集約して，教師が予め計画している学習問題に導くことはそもそも無理なことでは

ないでしょうか。多くの学級でできないことが実践されているところに授業改善の課題を感じます。

　改めて，こうした子どもの意思を尊重しながら学習問題をつくっていくことの問題点を次のように整理することができます。

　まずは，子どもたちに自由に疑問や課題を言わせておきながら，結局は授業者の意図している学習問題を設定していることです。子どもの切実性よりも，結果として授業者の都合が優先されていることです。

　次は，そもそも「これから調べたいことを書きなさい」と問いかけていることです。この段階では子どもたちのなかに疑問や問題意識がまだ生まれていません。子どもたちの「調べたいこと」は自然な状態で生み出されたものではなく，教師から指示されたことによって，改めて意識したものです。

　さらに，子どもたちの素朴で個性豊かな疑問などが，文字づらだけで処理され，抽象的な表現にまとめられていることです。子どもたちの心が離れていくように感じます。「なんだ。先生ははじめから学習問題を決めていたんじゃないの」などと感じる子どもたちもいるでしょう。

　以上のことを整理すると，学習問題をつくることを「学習問題文」をつくることだと捉え，それは子どもたちに言わせることである，教師が提示してはいけないと受けとめていることです。

　もし，子どもたちから教師の願っている学習問題を共通して出させたいときには，それなりの仕掛けが必要です。その主要なものは，資料と発問です。資料には子どもたちにとって意外性を感じる事実が盛り込まれていると効果的です。子どもたちは意外性との出会いによって，疑問を抱くようになるからです。これは子どもに限ったことではありません。

POINT

子どもから調べたことなどの疑問や課題を引き出すことはとても大事なことです。ただ何の問題意識もないところでは，それは浅はかな内容だったり思いつきだったりします。教師はその後の処理に苦悩します。

学習問題に対して予想させずに 調べさせていませんか。

　社会科における学習問題とは，これから資料などで調べ，追究・解決していく学習のテーマです。これは校内研究の研究主題に当たります。

　多くの学校では，研究主題に対して仮説を設定して研究計画を立て，実践をとおして立証しようとしています。これが研究の基本的な筋道です。

　社会科における問題解決的な学習もこれと同じように考えてはどうでしょうか。学習問題を設定したからといって，すぐに調べさせることはそもそも無理なことです。３年で取り上げられる「火事を防ぐくふう」の単元を例に具体的に考えてみましょう。

　まず，火事の現場の写真を提示します。DVD 資料を視聴させてもよいでしょう。写真などを丹念に読み取りながら，子どもたちに火事の現場の様子や火事の恐ろしさを映像から実感させます。住宅など貴重な財産を灰にしてしまうこと，時には人の生命を奪うことを捉えさせます。こうした学習を踏まえて，「火事を早く消すために，誰がどのような工夫をしているのだろうか」という学習問題を設定したとします。

　このあと，教師が「それでは，これからこの学習問題を調べていきましょう」と言ったとしても，子どもたちは意欲的に追究していくでしょうか。何をどのように調べていくのか，追究の方向性や見通しをもっているでしょうか。子どもたちは教師が資料を提示したり，見学などの学習活動を指示したりするのを待っているのではないかと思います。

　私たちおとなもそうですが，何か不思議な現象に出会ったり，疑問を抱いたりしたときには，そのときすでに「たぶんこうではないかな」とか「きっとこういうことだろう」などと，結果を予想したり予測したりしているものです。これは思考の自然な流れだと言えます。こうした思考は疑問や課題を強烈に意識すればするほど，自然な状態で促されます。

　ここで重要なポイントは，子どもたちが問題意識をもったときには，同時に予想するという思考がすでに始まっているということです。こうした場面で子どもたちから「たぶん……」とか「きっと……」などのつぶやきが発せられるのはこうした状況のことです。改めて「それでは予想してみましょう」などと言わなくても，子どもたちはすでに予想しはじめているのです。

　学習問題に対して予想を促すということは，子どもたちの自然な思考を重視することでもあります。

　ここで，子どもたちに予想させるときのポイントを整理しておきます。

●できるだけ多様な視点から予想させます。同じような内容でも，根拠や理由を聞くと，考えや考え方の拠りどころに違いがある場合もあります。すでに習得している知識や見方を活用して予想するように促します。初発の予想をノートなどに書かせておきます。

●子どもたちに予想を発表させながら，教師は板書していきます。その際，予想の内容や視点などを意識しながら分類・整理していきます。これらがこれから調べていく際の「追究の柱」になります。

●子どもたちの予想をもとに議論する場を設けます。討論することによって，子どもたちは，本当のところはどうなんだろうか。早く確かめたいと，問題意識と問題解決への意欲を高めていきます。

●子どもたちから出された予想はグループや学級でまとめたりはしません。あくまでも「私の予想」として，一人一人の考えをしっかりもたせておきます。討論した場合には，予想したことをノートなどに改めて書かせます。追究したあとに，はじめに予想したことを読み返すと，自分の思考や理解の変容を自覚することができるからです。

POINT

学習問題に対して予想することには，問題意識と問題解決の意欲を高め，これから追究する柱を明確にする役割があります。根拠のある予想をすることは思考力や判断力を育てる重要な場面でもあります。

学習計画を立てて，
問題解決の見通しをもたせていますか。

　校内研究を推進するときには，研究計画を作成します。授業においては指導計画が必需品です。子どもたちが問題解決する際にも，学習計画があると見通しをもった問題解決ができます。学習計画は問題解決の進路を指し示した羅針盤だと言えます。

　「火事を防ぐくふう」の単元を例に，具体的に考えてみましょう。「火事を早く消すために，誰がどのような工夫をしているのだろうか」という学習問題を設定したあと，子どもたちから予想を引き出します。何か手がかりがあると，予想しやすいものです。例えば火事の現場の様子をテレビなどで見た経験，参考書などでの知識などが拠りどころになります。

　授業では，できるだけ子どもたちに共通の土俵で予想させることが重要な配慮事項です。事前に提示した火事の現場の写真や DVD 資料などをヒントにします。子どもたちには，次のようなところに目を向けて予想するよう促します。

・火事の現場に来ている消防自動車など関係機関の車の種類と働き
・道路の消火栓や防火水槽などの施設や設備
・火事の現場で働いている人々の様子や動き

　ここでは，多様な観点から予想させることを心がけます。さらに，消防自動車の配置や多様な自動車に目を向けさせると，連携・協力という視点から予想させることができます。

　子どもたちから出された多様な予想を「施設・設備」と「人」に分類・整理すると，これから追究していく観点（柱）が明確になり，これからどのようなことを調べていくのか，具体的になります。

　指導計画は，指導の目標を実現させるために，「何を」指導するのかという内容と，「いかに」指導するのかという方法を計画したものです。学習計

画を立てる場合にも，指導計画と同様に，目標と内容と方法が必要です。目標（学習のめあて）は学習問題です。内容は調べることですから，予想したことをもとに整理された「追究していく観点（柱）」です。さらに，どのような方法で調べるのか。調べたことをどのようにまとめるのかを計画しておくと，学習計画としての体裁が整います。学習計画の完成度がさらに高くなります。学習計画表を教室に掲示しておくと，子どもたちはいつでも学習の位置を確認しながら学習を進めることができます。

　学習計画を立てることの意義や役割は，問題解決の見通しをもたせることにあるだけではありません。私たちが長期の休みを利用して旅行などに出かけるとき，目的地が明確になると，ルート（行き方や日程など）を決定したりホテルや鉄道を予約したりして，旅行のスケジュールを作成します。このこと自体楽しいことです。スケジュールが出来上がってくると，誰でもそうですが，夢がふくらみます。同時に早く旅行に行きたいという，期待や気持ちが徐々に高まっていきます。計画を立てることには，見通しをもたせるとともに，実行することへの意欲を高めるという重要な意義があります。

　もし子どもたちに「どんなことを調べたいですか」と問いかけるならば，予想したあとに聞くとよいでしょう。正確には「予想を確かめるために，どのようなことを調べなければなりませんか」となります。なぜ調べたいのかが明確ですから，調べたいことがより切実性のあるものになります。

　学習問題をつくることを，学習問題に気づく，予想する，学習計画を立てるという活動を一連のものとして関連づけて捉え，これらの活動をとおして問題意識を醸成していくことが重要です。

POINT

学習問題に対して予想させたあと，予想したことをもとに学習計画を立てます。そのポイントは，何を調べるのか。いかに調べるのかという２つの観点から計画させることです。このことによって，問題解決の見通しをもたせ，追究意欲をさらに高めることができます。

資料から「何でもいいから言いましょう」と問いかけていませんか。

　社会科ではほとんどの授業で資料が活用されます。授業を参観していて，資料を提示したあと，「この資料からどんなことがわかりますか。何でもいいから気づいたことを発表しましょう」という，子どもたちへの問いかけをたびたび耳にします。

　明治維新の学習でのことです。授業者は明治時代はじめの日本橋付近の様子を表した錦絵の写真を提示しました。授業者は「資料を見て，何でもいいから気づいたことを発表しましょう」と問いかけました。すると，次のように発言が出されました。主なものを紹介します。

C　馬車が人を乗せて，町のなかを走っています。

C　ものを肩にかけて運んでいる人がいます。

C　道路の両側に店が並んでいます。店にはのれんがかかっています。

C　道路の色が黄緑になっています。どうしてかなと思いました。

C　遠くに富士山が見えます。

C　スカートをはいて，傘をさしている人が歩いています。

C　町の様子が明るくなったように思います。

C　コンクリートでできた建物があります。

C　……

　活発な発言が続きました。資料が具体的であるため，子どもたちはいろんなことに気づいています。教師が「何でもいいから」と言いましたから，子どもたちは資料から読み取ったことを自由に発言していました。

　ところが，子どもたちの発言は，あちこちに拡散しています。発言と発言のあいだに関連性が乏しく，深まりが見られないことも気になります。

　子どもたちは乗り物，服装，建物，通りの様子など多様な観点からそれぞれ自由に発言しています。ここでは，教師が子どもの発言の仕方や内容を価

値づけ，さらに読み取りを深めさせることが大切です。例えば「馬車が人を乗せて，町のなかを走っています」と発言したことには，「○○さんの発言は乗り物のことだね。とてもよいところに目をつけたね」と，資料を読み取った観点を確認します。このあと「乗り物に目をつけると，ほかにどんなことに気づきますか」と問いかけ，乗り物の観点から読み取りをさらに深めます。また，「乗り物以外の観点に目をつけると，どのようなことがわかりますか」と問いかけると，読み取りの観点が広がっていきます。

　このように，「この資料からどんなことがわかりますか。何でもいいから気づいたことを発表しましょう」と問いかけ，子どもたちに自由に発言させた場合には，教師が子どもの発言内容を価値づけたり方向づけたりして，さらに深めさせる手だてが必要になります。

　先に紹介した発言のなかで気になる内容があります。それは「道路の色が黄緑になっています」「遠くに富士山が見えます」という発言です。教師が目をつけてほしいことはほかにあったはずです。教師は「何でもいいから」と言っていますから，この種の発言も許されるのでしょうか。発言した子どもにとっては関心があり，切実な事実だったのでしょう。

　資料を提示して読み取らせるときには，まず，教師が資料から読み取らせたいことを明らかにします。次に，そのことを効果的に読み取ることができるように，発問や指示の内容を考えます。これは読み取らせたいことを意図的に引き出す工夫をすることです。例えば「まず，乗り物に目をつけると，どんなことがわかりますか」と問いかけます。すると，学級のすべての子どもが乗り物に目を向けて事実を見つけようとします。子どもたちは観点を設けて資料を見ると，事実を深く読み取ることができることを学びます。

POINT

資料を読み取らせるときには「気づいたことを何でも言いましょう」と問いかけるのではなく，教師が読み取らせたいことを事前に明らかにし，それらを引き出すために資料を読み取る観点を指し示します。

「好きな方法で調べなさい」と
子どもに任せていませんか。

　「調べ学習」という言葉に象徴されるように，社会科における調べる活動は子どもに委ねることだと受けとめられているようです。そのため，調べる場面の学習形態には，個別学習やグループ学習が多く見られます。こうした場面では「好きな方法で調べなさい」と，調べる方法を子どもたちに自由に決めさせている授業も多いようです。この背景には，できるだけ子どもの主体性を尊重したい。子どもに調べる力を育てたいという願いがあるようです。

　「好きなこと」をすることは楽しいものです。取り組んでいるときは時間が経つのを忘れてしまうこともあります。私の好きな慣用句に「好きこそ物の上手なれ」があります。好きなこと（もの）は飽きずに集中して取り組めるので，早く上達するという意味です。

　ただ，私たちが問題や課題を解決するなど物事を進めるときには自分の思いどおりにいかないことが常です。時には，やりたくないこと，好きではないことにも挑戦しなければならないことが多々あります。

　社会科の３年で，昔の暮らしで使われていた道具について調べる学習があります。教師が「好きな方法で調べなさい」と問いかけると，子どもたちは教科書や副読本を読んで調べる。道具を実際に使って調べる。パソコンで調べる。学校図書館の本で調べる。地域のお年寄りに聞いて調べる。郷土資料館を訪ねて調べるなど，さまざまな調べ方のなかから「好きな方法」を選びます。その方法でよりよく問題解決ができればよいのですが，そもそも調べる方法の決定の仕方に問題があります。

　調べる場面で，子どもたちに調べる方法（調べ方）を決めさせるときには，少なくとも次の３つの要件を満たす必要があります。

　まず，問題や課題を解決するという目的に合致していることです。どんなに好きな方法でも，問題解決に導かなければ意味がありません。時には，自

分の意思にそぐわない方法を選択しなければならないこともあります。目的に応じて選択することはいかなる場面でも重要な視点だと言えます。

　次は，実行可能な方法であることです。選択に当たっては，物理的，時間的，能力的，金銭的なさまざまな側面や視点が求められます。実際にできないことをやろうとしても，できないことはできません。時には，自分が好きな調べ方を譲歩したり調整したりすることもあります。さまざまな状況や条件のなかで実行性のあるものを選択することは，問題解決の実効性を高めるうえで重要な視点や方法です。

　さらに，調べ方を選択するためにはさまざまな調べ方を体験しておく必要があります。取り組んでいない調べ方は基本的に選択の対象になりません。将来，子どもたちの選択の対象になることを視野に入れて，事前に多様な調べ方を教材に即して体験させておき，それぞれのメリットとデメリットを理解させておくとよいでしょう。

　このように見てくると，「好きな方法で調べなさい」という問いかけは子どもを尊重しているように見えますが，留意すべきことが多々あります。こうした問いかけの実効性を高めるには事前に確認しておくことや指導しておくべきことがあります。安易に問いかけることは慎みたいものです。

　人生のさまざまな場面で，選択するという行為に出会います。人生は選択の連続だとも言えます。選択した結果に対して，時には自己責任を伴うこともあります。調べ方の選択や決定を子どもに委ねることには重要な意義がありますが，事前に「目的に応じて適切なものを選択できる能力」を育てておきたいものです。

POINT

調べる場面で，子どもたちに好きな方法を選択させることには意義があります。ただ，選択することには目的があり，実効性が伴いますから，単に好きという基準だけで選択することではありません。日頃から，より適切なものを選択できる能力を育てておく必要があります。

「好きな方法でまとめましょう」と
子どもに任せていませんか。

　「好きな方法」という言い方は、まとめの時間にも聞かれます。教師から「これまで調べてきたことを新聞にまとめましょう」と問いかけられる場合もありますが、「好きな方法でまとめましょう」と、まとめ方を子どもに委ね、決めさせている場面に出会うことがあります。ここで言われている「まとめる」活動は、調べたことを「整理する」という意味で使われているようです。調べたことをもとに「考察する」という趣旨ではありません。

　教師がまとめ方（整理の仕方）を一方的に指示するより、子どもたちに任せたほうが子どもを尊重し主体性を育てることになると、授業者は考えているようです。「好きな方法で」と言われると心地よい感じがします。

　調べたことのまとめ方には、地図や年表のほかに、図表や関連図、新聞形式などさまざまな方法があります。紙芝居やパンフレットの形式でまとめる方法も取り入れられています。近年では、パソコンを使ったまとめる活動が行われるようになってきました。かつて、寸劇や動作化、ごっこ活動なども取り入れられました。多くの実践では、まとめる活動は作品など表現物をつくることだと受けとめられていますが、文章で小論文にまとめるという方法もあります。

　「好きな方法でまとめましょう」と、まとめ方を子どもに委ねる場合には「好きな方法で調べましょう」と問いかける場合と同じように、次のような事項に配慮する必要があります。改めて整理します。

　まず、まとめる目的や内容にもとづいてまとめる方法を選択させることです。そのためには、どのような内容を整理するときには、どのようなまとめ方が適しているかなど、それぞれのまとめ方のよさや特徴を事前に理解させておく必要があります。例えば、事象の位置関係や分布や広がりをまとめるときには地図が優れています。事象の順序性を整理したり、今昔の違いや変

化（移り変わり）を表したりするときには年表や暦が最適です。時間軸がハッキリしますから，全体の流れを一目瞭然に捉えることができます。さらに，図表は複数の事象の違いと共通点を整理するとき，関連図は複数の事象の結びつきや関係性を見える化するときに取り入れる方法です。

　次に，実際にまとめることができる方法を選択させることです。子どもの能力に合致していること，予定されている時間内に完成できること，グループワークを取り入れるときにはどの子どもも活動できることなどの状況を踏まえます。こうした要件を満たさない場合には，自分の好きな方法を選択することができないこともあります。

　さらに，それまでの学習でさまざまなまとめ方を経験させ，それぞれのまとめ方のよさや特徴を理解させておくことです。経験していないまとめ方は選択の対象になりにくいものです。

　子どもに「好きな方法でまとめましょう」と問いかけると，子どもたちはややもすると見栄えのよい方法やてっとり早い方法，手軽にできる方法などを安直に選択しがちです。子どもの言語活動を充実させ，言語能力を育てることが課題になっています。このことを踏まえると，作品などの表現物づくりにこだわらず，小論文やレポートなど長い文章でまとめさせることが表現力を育てるために重要ではないかと考えます。

　まとめる活動場面においても，指導の意図やねらいをもって，まとめ方を指示するなど，教師の役割を発揮した意図的な指導が求められます。子どもの意思を尊重することは大切ですが，子どもの努力が無にならないよう，また結果として力がつかないことにならないよう十分留意したいものです。

POINT

調べたことを「好きな方法」でまとめさせるためには，事前にさまざまなまとめ方を体験させ，それぞれのよさや特徴を理解させておくようにします。そのうえで，作業時間も考慮して，目的や内容に見合ったまとめ方を選択するよう促します。

社会科の「見方・考え方」を意識して指導していますか。

　社会科では，これまでも「社会的な見方や考え方」を養うことが学習指導要領の「内容の取扱い」に指導上配慮すべき事項として示されてきました。ところが，「見方・考え方」の捉え方や取り扱い方は授業者や研究会などによって温度差があったように思われます。特に意識した指導が行われてこなかった状況も見られます。

　今回の学習指導要領には，「見方・考え方」というフレーズが各教科等の教科目標や学年目標に共通して規定されました。これまで以上に強く意識した指導が求められます。そのためには，社会科における「見方・考え方」をどう捉えるのかを確認しておく必要があります。

　社会科の教科目標には「社会的な見方・考え方」を働かせながら，最終的には「公民としての資質・能力の基礎」を育成することを目指すと示されています。授業で「社会的な見方・考え方」を働かせるのは教師です。その結果，働かせながら学ぶ子どもが育っていきます。

　中央教育審議会答申（平成28年12月）によると，「社会的な見方・考え方」とは社会や社会的事象を追究していくときの「視点や方法」とされています。「視点」とは「時間，空間，相互関係」に着目することであり，「方法」とは「比較，関連付けなど」することとされています。このことをもう少し具体的に見ていきましょう。

　小学校の社会科は地域社会や国土を総合的に理解・認識することを目指しています。漫然と見たり考えたりするのでは社会の本質を十分に捉えることができません。時間軸である歴史の目や空間軸である地理の目，さらに社会システム軸である相互関係の目で見たり考えたりすることによって，社会や社会的事象を深く理解・認識することができるようになります。ここで言う「目」とは着目する視点であり，目のつけどころのことです。

　社会的事象を調べさせる際，どの視点（目）と関わりがあるのか。子どもにどの視点から捉えさせるのかを予め明確にしておきます。

　資料などで調べてわかったことは社会的事象の事実を習得した状況です。社会を認識した状況には至っていません。事象の事実を比較，関連，分類・整理，演繹，帰納などの方法で操作をすることによって，「見えたこと」から「見えないもの」が見えてきます。これが社会を理解・認識した状況です。答申にも，事実等に関する知識を習得し，それらを比較，関連づけるなどして，概念等に関する知識を身につけるとあります。ここから視点と方法は発展的に関連していることがわかります。

　授業に当たっては，調べてわかったことをどのような方法で処理させ，どのような知識に高めていくのかを予め明らかにしておきます。

　このように見てくると，社会科における「見方・考え方」とは社会や社会的事象を学ぶ際の道具であることに気づきます。このことは同時に教師が教えるときの道具でもあります。「見方・考え方」という道具（術）をもち，働かせながら学んでいくことによって，社会科授業の質を高め，子どもたちは社会認識を深めていきます。

　教師も子どもも「見方・考え方」を働かせながら授業を展開していくことができるようにするためには，教師が働かせたい「視点と方法」を予め明確にして意図的に指導します。そうした指導のなかで，子どもたちも「見方・考え方」を意識し，働かせながら学びを深めていくようになります。

　なお，見方と考え方の区別は必ずしも明確にされていません。見方と考え方が一体のものとして捉えられています。

POINT

社会科における「見方・考え方」とは追究の「視点や方法」のことです。授業で「見方・考え方」を働かせるためには，教師が予め教材や内容を見るときの視点を確認するとともに，社会的事象や事実の処理の方法を選定しておくようにします。

授業で用意した資料をすべて 提示することはありませんか。

　研究授業を行うことになると，早い時期から教材研究を進めます。特に資料集めには多くの時間とエネルギーを割きます。最近は，技術が進んだこともあり，たくさんの写真やグラフなどの資料を用意することがあります。

　用意することは教材研究を深めることにもなりますから，何の問題もありません。ここで問題にしたいことは，用意した資料の使い方です。たくさんの資料を用意すると，次のような問題のある使い方に陥ります。

　まずは，教師主導の指導になりがちなことです。先日，教師が写真資料を次々に提示し，一方的に授業を展開していく授業に出会いました。子どもたちは提示される資料をただ見ているだけですから，まったくの受け身です。教師の「授業ショー」を見ている感じでした。

　次に，資料の数が多いと1枚の資料の分析に費やす時間が少なくなり，読み取りが浅いものになってしまうことです。授業を観察している立場から，教師はここで何を学ばせようとしているのかがわからなくなります。

　さらに，資料と資料のあいだの脈絡が見られないことです。1枚目の資料から事実を読み取り，わからないことがあるときには，そのことを明らかにするために次の資料が必要になります。資料と資料のあいだには必然性や発展性が求められます。このような関係性がないと，子どもの思考や理解が連続して深まっていきません。

　用意した資料の使い方について，次のような場面に遭遇したことがあります。授業の終末場面でのことでした。授業の終わりのチャイムが鳴ってからも，資料を提示し続けていました。子どもたちはただ見ているだけです。教師主導の授業展開が一層顕著になりました。せっかく用意した資料ですから子どもたちに見せたいという気持ちの表れでしょうか。授業者の気持ちは痛いほどわかります。

　授業に当たっては，用意した資料をすべて提示するという考えを改め，本時のねらいを受けて，思いきって捨てることが大切です。捨てるとはその場では使わないという意味です。反故にしてしまうことではありません。このことを言い換えると，資料を精選し重点化することです。中心資料とか重点資料という言い方があります。あれもこれも資料を多用すると，授業が情報過多になります。授業の展開がつい平板になったり，読み取りが不十分になったりして，授業が盛り上がらなくなってしまいます。

　社会科の授業では資料は不可欠です。今日のように写真資料を容易に用意することができなかった頃のことです。「１枚の資料で勝負する」と言われたことがあります。45分間の授業を１枚の資料だけで展開するというものです。これ以上の資料の精選や重点化はありません。

　そのためには，教師自身がまず資料を見て，どのような事実が読み取れるか。事実からどのようなことがわかるようになるか。さらにどのような疑問が生まれるかなど，資料の分析（読み取り）が必要になります。これも教材研究の範疇に入ります。

　こうした教材研究を深めた教師から教わった子どもたちは，資料からさまざまな事実を読み取り，それらを関連づけたりまとめたりしながら，新しい考えを導き出していきます。

　資料の選定は授業中にも行われます。子どもたちの学習状況を観察しながら，用意されていた資料を取捨選択して提示することがあります。これは学習指導案を授業中に瞬時に修正することです。教師には学習指導案の修正能力が求められます。

POINT

教材研究に当たってさまざまな資料を収集することは大切ですが，実際の授業においては，必要不可欠なものを選び抜きます。思いきって精選・重点化して活用することで，資料の読み取りに時間をかけることができますから，子どもたちは思考や理解を深めていきます。

本時の終末で学習感想を書かせて
まとめにしていませんか。

　最近の社会科では，授業の終末場面で学習を振り返る活動が重視されています。子ども自身が学習成果をまとめ，確認することはとても重要なことです。ところが，安易なまとめになってはいないかと気になります。

　教師が授業の終末場面で子どもたちに投げかけている言葉に「それでは，最後に学習感想を書きましょう」という指示語があります。感想とは文字どおり心に浮かんだことですから，子どもによって当然違ってきます。また，どのようなことを書いても感想になります。とにかく「書いてあればよい」という評価になります。

　書いたものを見ると，「今日の授業は，みんなと仲良くやれたのでとてもよかったです」「資料がグラフだったので，読み取りが難しかったです。なので，今日の勉強はあまり面白くありませんでした」「今日は本物に触ることができたので，とても楽しかったです」などと書いています。

　子どもたちはそれまでの学習を振り返ることができ，教師は子どもの授業に対する思いや受けとめ方を知ることができますから，学習感想を書かせることにはもちろん重要な意義があります。しかし，授業の終末における教師の重要な役割は，その時間の目標が子どもたちにどのように実現しているかを見きわめることにあります。こうした趣旨を踏まえると，次のような意図的なまとめさせ方が必要になります。

T　それでは今日の勉強のまとめをしましょう。今日の「学習のめあて（課題）」は何でしたか。

　ここで，黒板などに書かれた，今日の「学習のめあて」を確認します。

T　「学習のめあて」について，今日の勉強からどのようなことがわかりましたか。黒板に書かれていることを参考にまとめなさい。

　ここでは，今日の「学習のめあて」に立ち返ってまとめさせることがポイ

ントです。板書した事項はそのための教材として活用されます。重要な語句（キーワード）が板書されていると，それらを使ってまとめるよう指示することもできます。

Ｔ　まとめるとき，授業の最初に書いたはじめの考えと比べて，自分の考えたことや理解したことがどのように変わったか。なぜ変わったかを書くようにしましょう。

　導入場面で本時のめあて（学習問題）について予想させ，それをノートなどに書かせておくと，それと比べさせることによって思考や理解の変容を子どもに自覚させることができます。思考や理解の変容とは学びの深まりのことです。

　子ども一人一人が今日の勉強での学習成果を確認することによって，学習に対する成就感や達成感を味わい，学校で学ぶことの意義を実感することができるようになります。

　一方，教師にとっては，子どもたちが本時の目標やねらいをどのようにあるいはどの程度実現したのかを把握することができます。書いた内容を学習評価の材料として活用することができるからです。目標の実現状況を評価するためには，本時の「学習のめあて」が目標の内容と一体になっている必要があります。

　子どもたちがまとめたあと，その内容を発表させると，自分が書いたことと比べながら，より確かな内容に深めさせることができます。そのための時間を予め予定しておくこともポイントになります。

POINT

本時の終末は学習の成果を確認する重要な場面です。子どもにとっても教師にとっても意義のあるまとめにするためには，「学習のめあて」やはじめの考え（予想）などと関連づけてまとめさせるなど意図的な書かせ方が求められます。単なる学習感想では何でもありのまとめになってしまいます。

小単元のまとめは「作品」をつくることだと考えていませんか。

　先日，ある若い先生から次のような質問を受けました。

　「私は歴史の勉強で，子どもたちに自由に調べさせ，調べたことを新聞にまとめさせているのですが，いつも新聞の形式にまとめさせなければならないのでしょうか」

　学校に伺うと，廊下などの掲示板に「○○新聞」と書かれた子どもたちの作品が掲示されています。例えば「水道新聞」「農業新聞」「鎌倉時代」などの名称が見られます。新聞の形式でまとめる活動は学年や単元を問わず，多く実践されています。作品を見ただけでは，新聞づくりがまとめの時間に行われたのか，あるいは調べながら新聞をつくったのか，制作の過程はわかりません。前者の場合には調べたことを整理することにねらいがあり，後者は新聞をつくることがやや目的化されているようです。

　まとめる方法には，新聞の形式のほかに，パンフレットや紙芝居にまとめることも実践されています。画用紙や模造紙を使ってまとめることも行われています。まとめる時間の活動は何らかの形態の「作品（表現物）」をつくることだと受けとめられているようです。

　まとめる活動には，これまで調べたことやわかったことなどを整理するという役割がありますから，「作品」にまとめることは意義のあることです。ただ，新聞づくりだけがまとめる方法ではありません。さまざまな方法や手段のなかから，調べたことをまとめるのに最も適したものを選択することが大切です。変化をまとめるときは「年表」や「暦」に，広がりやちらばりを捉えやすくするためには「地図」に表します。複数の事象を比較するときには図表に整理します。目的に応じた「作品」を選択することが求められます。歴史学習においても，新聞づくりだけにこだわる必要はありません。

　さらに，まとめる活動は新聞やパンフレットなどの「作品をつくること」

という考え方を克服する必要があります。こうした類の作品をつくるほか，小論文にまとめる，みんなで討論するなど言語活動をとおしてまとめることもできます。関連図やイラストに表す方法もあります。

　調べたことやわかったことをまとめる方法や手段を広く捉え，最も適切なものを選択したり，複数の方法を組み合わせたりするようにします。

　ところで，社会科授業の終末場面に位置づけられているまとめるという活動は「調べたことを整理する」ことだけでしょうか。

　小単元ごとに作成される「知識の構造図」には，各時間に習得させる具体的な知識とともに，それらをもとに最終的に獲得させる概念的な知識（中心概念）が示されています。調べたことを整理する活動は，各時間に習得した具体的な知識を振り返り，目に見えるようにすることです。新聞などに整理するだけでは概念的な知識の獲得にまで至っていませんでした。

　具体的な知識は比較的目に見えやすいのに対して，概念的な知識は多くの場合抽象的ですから，目には見えにくいものです。それらは具体的な知識を比較したり分類・整理したり，あるいは関連づけたり総合化したりすることによって導き出されます。ここでは，社会的事象や事実を「見方・考え方」を働かせながら操作し，思考することが求められます。このことによって，目に見えにくい概念的な知識を導き出すことができるようになります。

　こうした活動は「調べたことから考える」ということです。すなわち，考察することです。考察するときに意識させたいことは，小単元の導入場面で設定した，問題解決のテーマである学習問題です。学習問題に正対して，調べたことをもとに考えをまとめさせます。

POINT

子どもたちに調べたことをまとめさせる場面では，目的や内容に合った方法や手段を選択します。まとめる活動には，調べたことを整理することと，調べたことをもとに学習問題について考察することの2つがあります。作品づくりだけで終わっては本来のまとめになりません。

発表活動の場が「カラオケ型」に
なっていませんか。

　社会科の授業では，これまでもグループ活動が取り入れられてきました。グループワークは「主体的・対話的で深い学び」を実現する授業づくりの趣旨にも合致していますから，これからも重視したい学習形態です。

　グループごとに調べる活動を展開するとき，たとえ共通したテーマであっても，調べた対象や方法が違うと，調べたことがグループによって異なってきます。そこでは互いに共有する場が必要になります。

　例えば，３年で「昔の道具調べ」が行われます。ここでは，洗濯，暖房，明かり，炊事など暮らしで使ってきた道具のなかから，グループごとに調べる道具を選択して調べさせることがあります。すると，選択した道具によって使い方や変遷などが違ってきます。このことは当然のことです。

　そこで設けられるのが，発表の場です。調べたことを互いに知り合い，学び合う貴重な機会になります。日頃から人前で話すことを苦手にしている子どもにとっては表現することに慣れ，表現力を養う機会にもなります。このほかにも，発表の場を設けることにはさまざまな意義があります。

　発表活動を取り入れた場面では，多くの場合次のような状況が見られます。授業者は「では，１班の人から順に発表しましょう」と問いかけます。子どもたちは黒板の前に出て，模造紙などにまとめたことを緊張しながらも生き生きと発表していきます。

　周囲に目を転じてみると，次に発表するグループがすぐ近くで待っています。ほかの子どもたちは自分たちが発表することが気になるのか，どこか集中力に欠けているようです。発表者に耳を傾けている様子は見られません。ところが，グループの発表が終わるやいなや，一斉に拍手が起こりました。そのあと，次のグループの発表に移っていきます。

　つい，カラオケを楽しんでいる場面を連想してしまいます。歌い手が真剣

に歌っているとき，周囲ではお喋りをしたり，次に歌う曲を探したりしています。聴いている様子はあまり見られません。ところが，歌い終わると一斉に拍手をします。

　発表活動の場が「カラオケ型」になってはいないかと気になります。発表するグループの子どもたちは発表する内容をすでに理解しています。逆に，聞いている子どもたちにとっては，初めて耳にすることが多いでしょう。授業者の関心はどうしても発表する子どもたちにいきますが，目を向ける必要があるのはむしろ聞いている子どもたちです。

　「カラオケ型」の発表活動を克服するために，次のような工夫をするとよいでしょう。

　まず，各グループの発表に先立って，これまで学級で共通に追究してきた学習問題は何だったのかを確認することです。何を明らかにするために調べてきたのかという目的を振り返ることです。

　次に，発表の場を設けた意義を子どもたちに伝えます。自分たちが調べたこととどこが違うかなど新しい発見をすること，もし共通点があればそれに気づくことが目的です。これまでの学びをさらに深めていくために，ほかのグループが調べたことを聞くことを確認します。

　さらに，発表を聞いて，聞きっぱなしにするのではなく，新たに気づいたこと，さらに聞きたいことを出し合います。単に「発表が分かりやすかったです」「声が大きく，チームワークがありました」といった発表の仕方だけでなく，学習問題との関連を図り，発表の中身に立ち入って評価し合うよう助言します。発表の場は互いに学び合うことに意義があります。

社会科の授業では調べたことを発表する場が設けられています。「カラオケ型」の発表会にならないよう，事前に発表を聞くことの意義や目的を子どもたちに伝え，これまで調べたことや考えたことをさらに深めるよう助言します。発表活動は互いに学び合う貴重な場です。

「自分にできることは何ですか」と子どもに聞いていませんか。

　学習したことを頭や心に留めておくのではなく，自分の生活の改善に生かすように促すことはとても重要です。これは社会科の学習と生活との結びつきを意識させることであり，社会科の「学習成果の生活化」です。

　「自分にできること」を考えさせることは，学習指導要領にも示されており，これまでも子どもたちに問いかけてきました。これからも大事にしたいことです。ところが，次のような課題があり，さらに改善する必要があるのではないかと考えます。

　4年の「飲料水の確保」に関する学習場面です。毎日飲んでいる水がどこからどのように来ているのかを学習し，飲料水の大切さや供給している人たちの働きについて学んだあとのことです。授業者は，「飲み水を大切に使うために自分たちにできることはどんなことですか」と聞きました。これは節水の大切さを考えさせる問いですから，とても重要なものです。子どもたちからは次のような反応がありました。

C　家で朝，顔を洗ったり歯を磨いたりするとき，水道の水を出しっぱなしにしないようにします。

C　お風呂の水を捨てないで，洗濯に使うようにします。また，庭の水撒きにも使いたいです。

C　車を洗うとき，水をバケツにくんで使ったほうが水を節約できると思います。家の人に伝えたいです。

　いずれも立派な意見表明です。ところが，次のような課題を感じます。

　まず，社会科の学習成果が生かされているように思いつつも，いまの子どもたちはこのようなことは学習する前にすでに知っているのではないかということです。4年生にもなると，家庭で節水について話題にしたり，テレビなどの報道で情報を得たりしているのではないでしょうか。

　また,「自分にできること」が個人として努力できること, 家庭でできることに限られていることも気になります。家庭での生活の仕方について述べており, 社会に目が向いていません。これでは家庭生活について学ぶ家庭科と混同してしまいます。社会科では節水型の社会のあり方について考え, その社会への関わり方について考えさせるようにすることが大切です。

　さらに,「自分にできることは?」という教師の問いかけに対して, 子どもたちのなかには本来あるべき姿（建前）を発言する傾向が強いことです。かつて「水道の蛇口を出しっぱなしにしないようにします」と模範的な発言をした子どもが, その直後の休み時間に水道の蛇口をしっかり閉めずに駆けていく姿を見たことがあります。

　このような課題を感じる場面はほかにもあります。地域のごみの処理について学んだあとに「自分にできることは何か」と聞いたときにも, 飲料水の場合と同様な反応が出されました。稲作について学習したあと同様な問いかけに対して,「ぼくは米（ご飯）をたくさん食べたいです」との発言が出されました。間違ったことを言っているわけではありませんが, ここでは, 日本の農業を守り, 農家の人たちを元気づける立場から, 社会や農業のあり方について意見を表明させたいと考えます。子どもたちに人としての「生き方」を考えさせることにとどまらず, 社会に見られる課題の解決に関心をもたせ, 社会の「あり方」を考えさせるようにします。

　社会科の学習成果を生活改善に生かすことはとても大切なことです。合わせてよりよい社会をつくるためにも生かすようにしたいものです。学んだことを社会に還元することは社会科の「学習成果の社会化」です。

POINT

学習の終末で,「自分にできること」を問うことがあります。このことには学習成果を生活や社会に生かすという意義があります。ここでは個人の立場から「できること」を述べるだけでなく, 社会のあり方というより広い視野から考えさせるようにします。

教材と指導内容を混同して捉えていませんか。

「教科書を教えるのか。それとも教科書で教えるのか」ということが，これまでもたびたび話題になってきました。社会科は内容教科だと言われ，教科書は「読めばわかる」ように編集されていますから，「教科書を教える」ことを重視する傾向が見られました。

教科書は正しくは「教科書教材」と言われます。視聴覚教材，実物教材などと並ぶ用語です。教科書は教材としての使用義務が課せられています。

社会科の固有な特質から，教材と学習内容を混同して捉える傾向が見られます。「教材」は教える材料と書きます。授業では，教材そのものを教えるのではなく，教材をとおして，言い換えれば教材に関わりながら「内容」を教えるようになっています。身につけさせたい「内容」をストレートに教えるのではありません。「教える」を「学ぶ」と置き換えることができます。教材は子どもや教師と学習（指導）する内容とのあいだに位置しています。

教材と内容との関係を私たちの身近な食生活に例えると，教材は毎日食べる食事のメニューに当たります。内容とは摂取する栄養やカロリーに当たります。メニューは人によって，日によって違います。しかし，バランスのとれた栄養や適切なカロリーは誰にも求められます。また栄養やカロリーは病気などのときを除いて，直接体に取り入れることはしません。食事をとおして摂取します。食事（メニュー）は，栄養やカロリーと食事をとる人とのあいだに位置しています。

さらに具体的にイメージするため，学習指導要領の記述をもとに教材と内容の関係を考えます。

- 3年では地域の販売の仕事を学習します。ここでは，地域のスーパーマーケットや小売店などを教材にして，販売に従事している人々は消費者の多様な願いを踏まえて，売り上げを上げていることを学びます。

- 4年では地域の人々の健康や生活環境を支える事業を学習します。ここでは，飲料水，電気，ガスのなかから一つを選んで教材にして，安全で安定的に供給できるよう進められていることを学びます。
- 5年ではわが国の食料生産について学習します。ここでは，稲作の盛んな地域，例えば山形県の庄内平野の事例地を教材にして，稲作に関わる人々の工夫や努力を学びます。
- 6年では政治の働きについて学習します。ここでは，社会保障，自然災害からの復旧や復興，地域の開発や活性化などの取り組みのなかから選んで教材にし，国や地方公共団体の政治は国民生活の安定と向上を図るために大切な働きをしていることを学びます。

　上記の事項からもわかるように，社会科における教材と内容とは明らかに違いがあります。教材をとおして学ぶことのできる内容は，多くの場合一般性があり，応用・転移できる知識です。教材そのものの理解で終わると，深まりのない学びになります。教材と内容は相互に深く関連し，一体の関係にありますから，両者の違いと関連性を踏まえて指導することが大切です。

　社会科では，写真や図表，地図や年表，○○さんの話などさまざまな資料が活用されています。これらは子どもたちに教材を提示するときの具体的な学習対象です。例えば稲作の盛んな庄内平野を教材にした場合には，庄内平野の航空写真や稲作の手順を示した農事暦，従事している○○さんの話などが資料になります。これらの資料は，学校給食に例えると，ご飯や主菜，副菜，牛乳などに当たります。

POINT

教材と指導内容を混同して捉えられがちですが，両者は「教材をとおして内容を学ぶ」という関係にあります。授業では，教材そのものを教えることで終わらせず，そこから最終的に身につけさせたい内容を習得させるようにします。「教材で学ぶ」ことが基本です。

各学年の第1単元の役割を理解していますか。

　学習指導要領の内容構成は指導の順序を示すものではありませんが，ほとんどの小学校の年間計画には，学習指導要領に示された内容の(1)が第1単元として各学年の冒頭に位置づけられています。あまり意識されずに実践されているようですが，このことにはそもそもどのようなねらいがあるのでしょうか。各学年の第1単元に相当する内容を列記します。

　3年では自分たちの市の様子を大まかに，4年では県の地理的環境の概要を，それぞれ理解することが示されています。また，5年では，わが国の国土の様子について，国土の位置や構成，範囲のほか，地形や気候の概要を理解するようになっています。6年では，これまでの歴史先習から政治先習に変わり，わが国の政治は日本国憲法の基本的な考え方にもとづいていることを理解するようになっています。

　これらには次のような共通点があります。それは，各学年の第1単元がそのあとの学習のオリエンテーションとしての役割をもっていることです。ここで言うオリエンテーションとは，これから学習する事柄についておよそを捉えるという意味の「概観する」ということではありません。

　3年の学習対象は自分たちの住んでいる市です。市における人々の営みを具体的に学習する前に，生活舞台としての市全体の様子を地理的な視点から理解させることにねらいがあります。ここでの学習を踏まえて，そのあと，地域に見られる生産や販売の仕事，消防署や警察署など地域の安全を守る働きについて学ぶようになっています。

　第1単元の学習で，工場や農家の多い地域を確認したり，消防署や警察署の位置を白地図に表したりするのは，これからの学習の布石であると言えます。3年では，そのあと，市の様子を調べる視点を空間軸から時間軸に変え，市の移り変わりを学ぶようになっています。第1単元を「総論」として捉え

ると，そのあとの単元は「各論」になります。

　4年の年間の単元構成を構造的に示すと，次のようになります。

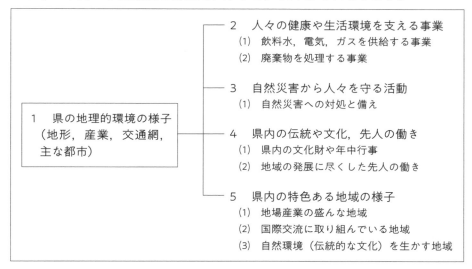

　第1単元（総論）とそのあとの単元（各論）との関係性は，5年や6年でも同じように考えることができます。

　指導計画を作成するとき，当該の単元や小単元のみを対象にしがちです。このあとにどのような学習が予定されているか。これまでどのような学習を行ってきたかといった，学習の時間軸をもって複数の単元を縦断的に捉えるカリキュラム・マネジメントが求められます。学年のカリキュラムの全体構成をイメージして，各単元の位置や役割やねらいを押さえます。

各学年の第1単元は，学年のオリエンテーションとしての役割をもっています。第1単元を「総論」とすると，そのあとの単元は「各論」に当たります。年間の単元や学習内容を見通して第1単元を指導するとともに，常に第1単元の学習に立ち返るようにします。

何も考えないで, これまでの事例を取り上げていませんか。

　社会科の授業では, 社会を面として概観する学習と, 社会の具体的な事例や事例地を点として学ぶ場面があります。両者は深く関わっています。

　社会科で具体的な事例や事例地を取り上げるのは, 子どもたちにとって学習を分かりやすくするためです。そのため, どうしても事例に目がいきがちです。なぜその事例を取り上げるのかをあまり考えないままに指導されていることが少なくありません。

　5年では, わが国の稲作に関連して, 多くの学校では, 山形県の庄内平野が取り上げられています。わが国の工業生産の学習では, 愛知県の豊田市（自動車工業）が取り上げられています。これまでも5年の「定食メニュー」として取り上げられてきましたから, 実践の積み上げもあります。わが国を代表する地域ですから, 事例地としては何の問題もありません。

　ただ, なぜ庄内平野の米づくりを学ばせるのか。なぜ, 豊田市の自動車工場なのかということです。何も考えずに, 「これまでも取り上げてきたから」「教科書に掲載されているから」では心もとないように感じます。

　なぜその地域なのかを授業者がまず押さえ, このことを子どもたちにも意識させたいと考えます。「はじめに庄内平野ありき」でも「豊田市ありき」でもありません。庄内平野や豊田市を選択するまでの筋道にポイントがあります。ここでは, 自動車工業の盛んな地域・豊田市を取り上げるまでの筋道を整理します。この筋道は, 授業を展開する過程でもあります。

(1)　生活や社会で使われている工業製品をアトランダムに出し合います。

(2)　さまざまな工業製品を, 金属工業, 機械工業, 化学工業, 食料品工業, 繊維工業などの観点で分類・整理します。

(3)　日本の工業の中心は何かを考えます。その際, 生産額, 工場数などを基準にします。中心は機械工業であることから, これから調べていく工業を

機械工業とします。基幹産業としての金属産業を取り上げることも選択肢
としては考えられます。

(4)　機械工業の製品を改めて確認し，そのなかから一つを選択します。子ど
もたちにも親しみのある自動車を選択し，自動車工業の盛んな地域を調べ
ることにします。自動車そのものを学習することではありません。もちろ
ん，電化製品などほかの工業製品を選択することも考えられますが，そう
した実践はほとんど行われていません。

(5)　日本地図を見て，自動車工業の盛んな地域は各地にあることを確認し，
それらのなかから生産額の多い豊田市を選択します。

こうした学習をとおして，自動車工業の盛んな地域を学ぶ事例地として豊
田市が選択されます。豊田市は自動車工場がある地域の典型です。自動車工
業は機械工業の典型です。機械工業はわが国の工業生産の典型です。

このあと，豊田市の自動車工業を事例に調べ，工業生産に従事している
人々の工夫や努力を具体的に捉えさせます。

授業者は深く考えないで「はじめに事例地ありき」として受けとめるので
はなく，なぜこの事例地なのかという事例選択の必然性を押さえるとともに，
この事例地をとおして何を学ばせるのかという指導のねらいをしっかり確認
することが大切です。ここでの指導のねらいには，いずれの事例においても
共通して言えることが位置づいています。

また，このことは授業者だけでなく，子どもたちにも意識させることが重
要です。「先生から提示されたから，この事例地を学ぶ」という受動的な姿
勢ではなく，その必然性を子どもたちにも意識させたいものです。

社会科では事例や事例地をもとに学習する場面が数多く設定されてい
ます。ややもすると，その事例や事例地が当たり前のこととして取り
上げられていますが，なぜその事例や事例地を取り上げるのかを学習
の過程に位置づけ，子どもたちにも理解させるようにします。

事例を選択するのは指導時間を節約するためだと捉えていませんか。

　社会科においては，多くの単元や小単元で取り上げる教材や事例，事例地が選択的な扱いになっています。選択的な場面は３～６年において14か所ほどあります。事例や事例地の選択的な扱いが導入されたのは平成元年版（平成４年度から完全実施）の学習指導要領からです。すでに四半世紀以上も経っています。にもかかわらず，その趣旨が十分伝わっていないようです。

　社会科の授業時数が削減されたこともあり，事例を選択するのは指導時間を節約するためだと捉えられている実態が散見されます。「なぜ，選択的な扱いになっているのか」「そのためにはどのような指導が求められているのか」を改めて確認することが，社会科の授業をさらに充実させるために必要なことだと考えます。このことを具体的な場面で考えます。

　４年の単元「住みよいくらし」を例にします。ここでは「飲料水，電気，ガス」のなかから一つを選択して指導するようになっています。飲料水とは水一般ではなく，生活になくてはならない飲み水のことです。全国のほぼすべての学校では「飲料水」が取り上げられています。子どもの生活や地域の実情などを踏まえると，当然の選択だろうと思います。しかし，学習指導要領になぜ「飲料水，電気，ガス」の３つが列記され，一つの事例でよいとされているのか，これまで深く考えてこなかったのではないでしょうか。

　学習指導要領には，本単元に関わって「安全で安定的に供給できるよう進められていること」を理解させると示されています。「安全性と安定性」というキーワードは，飲料水と電気とガスのいずれにも共通しています。学習の最終ゴールが同じであることから，一つでよいとされているのです。「一つを学んで10がわかる」というフレーズがあります。飲料水を事例に学んだ「安全性と安定性」というキーワードは，電気やガスの事例に対しても応用・転移することができます。これはホテルなどに備えられているマスター

キーに当たります。選択的な扱いになっているのは，価値の高い，応用性や転移性のある知識を獲得させるところにねらいがあるからです。

　こうしたねらいを受けて，本単元の指導計画を飲料水を事例に作成する際には，次のような工夫が必要になります。

●単元のオリエンテーションで，家のなかを見わたし，「もしなくなったら困るものは何かな」と問いかけます。そこでは，暮らしには飲料水や電気，ガス，あるいは灯油などが必要であることを確認します。

●次に，飲料水を事例に「毎日飲んでいる水は，どこからどのように届けられているのでしょうか」という学習問題を設定して追究します。学習をまとめる場面では，「『飲料水』は，山などに降った雨が，ダムなどに貯えられ，川を流れて，浄水場で綺麗にされ，水道管で家庭に送られてくる」といった内容を確認します。

●これまでの学習では「水のたび」を図表などに整理する学習で終わっていましたが，このあと，飲料水を届ける仕事は「安全で安定的に供給できるよう進められていること」を考えさせ，こうした知識を獲得させます。

●さらに，獲得した知識（概念）を使って，「電気やガスも，安全性と安定性を大切にしているのだろうか」という問いをもって，発展的な学習を展開します。ここでは，ほかの事例等にチャレンジさせることによって，視野を広げることができます。また，獲得した概念を応用したり転移したりする力を発揮させることができます。

　事例や事例地が選択的な扱いになっているねらいを改めて確認し，それに沿った指導をすることによって，社会科の役割を果たすことができます。

POINT

事例を選択するのは，選択の対象になっている事例や事例地に共通項（マスターキー）があるからです。じっくり時間をかけて事例等を具体的に学ばせ，共通項を獲得させることにねらいがあります。指導時間を節約するために選択的な扱いになっているのではありません。

事例や事例地そのものの学習で
終わっていませんか。

　ここで言う事例とは，例えば３年の「生産や販売」では，実際に観察，調査する地域の工場や農家，商店のことです。４年の「飲料水，電気，ガス」や５年の情報単元で取り上げられる「販売，運輸，観光，医療，福祉など」のことです。事例地とは，例えば４年の「県内の特色ある地域」や５年の稲作など「食料生産の盛んな地域」を指します。

　事例や事例地（以下，事例等と表記します）を選択する際に，まず全体の事例等を概観し，そのあとに事例等を調べます。その際，なぜそれを取り上げて調べるのかを授業者だけでなく，子どもたちにも理解させます。このことの大切さはすでに述べました。全体を概観することと選択する事例等との結びつきを重視することは，全体と部分の関係性を捉えるというものの見方・考え方を働かせて学ぶことを意味しています。

　概観するとは全体像（面）をオーバービューすることです。概観する対象は概要であり，網羅的になります。単元の学習の「とびら」に当たります。４年の県内の特色ある地域の様子の学習や５年の自然条件から見て特色ある地域の学習など，地理的な内容の単元で地図が活用されます。歴史に関する内容の単元では，時代を大まかに捉えるために年表が活用されます。

　一方，事例等はそれぞれ個別的で具体的です。そこでは，例えば３年の生産や販売に関する学習では，地域に見られる工場や農家，商店の名前（固有名詞）が登場します。資料は写真や映像，○○さんの話などきわめて具体的です。内容も理解しやすく，子どもたちの学習意欲も高まります。そのため，事例等についての理解を深めることはできるのですが，事例等そのものの学習で終わってしまう傾向が見られます。

　ここで，改めて各学年の学習の対象と目標を確認しておきます。３年は市区町村，４年は都道府県を対象にそれぞれ理解を深め，地域社会に対する誇

りや愛情，地域社会の一員としての自覚を養うことを目指しています。5・6年では視野を広げ，わが国の国土の自然環境や産業，政治や歴史について学びます。わが国についての理解を深め，わが国の将来を担う国民としての自覚などを養うことを目指しています。

　単元における事例等の位置づけを整理すると，次のようになります。これらは事例等そのものの学習で終わらないようにするためのポイントです。

　まず，全体を概観して「面」として捉えてから，「点」に当たる事例や事例地を選択します。全体における事例の位置づけ（面と点の関係）を明確にします。同時に，なぜこの事例を取り上げるのかを確認します。

　次に，ここで取り上げられる事例等は典型教材です。これは単元の学習の中核に当たります。時間をかけてじっくり丁寧に調べます。まとめる場面では，調べたことを整理するとともに，調べたことから何が言えるのかを考えさせます。調べたこと（社会的事象の事実）を整理するだけでは，事例等そのものの学習で終わってしまうことになります。

　ここでは，社会的事象の意味や働き，役割，国民生活との関連などを考えさせます。ここで獲得した概念的な知識は，ほかの事例等にも応用・転移できる汎用性をもっています。単元の冒頭で概観したときに活用した資料などを思い起こして，考え導き出した概念的な知識はほかの事例等にも当てはめることができることを確認します。ここに事例等そのものの学習で終わってはいけない最大の理由があります。

　授業時数に余裕がある場合には，ほかの事例等を選択して，獲得した知識を活用した，応用的，発展的な学習に挑戦させます。

POINT

事例や事例地を選択して取り上げる場面では，事例や事例地そのものの学習で終わらせないように，単元の冒頭で選択する対象をすべて概観させます。選択した事例や事例地による学習では，ほかの事例や事例地にも応用・転移できる知識を獲得させます。

高学年でも，地域教材にとらわれていませんか。

　社会科の授業研究では，これまでも地域素材を教材化する取り組みが重視されてきました。地域教材を活用することには，子どもたちが社会科の学習を身近に感じ，地域社会に対する理解を深めさせるとともに，地域社会に対する誇りや愛情，地域社会の一員としての自覚を養うことにつなげることができるという重要な意義があります。

　また，地域教材は文字どおりその地域の素材を教材化したものですから，その地域ならではのものです。きわめて個別的で特色のあるものです。ほかの地域や学校では見られない，その学校の社会科の授業をアピールする役割ももっています。地域教材というキーワードは学校や地域の研究テーマや内容にも位置づけられてきました。

　ある地域での社会科の研究発表会に伺ったときのことです。5年の食料生産の単元でした。ここでは，稲作のほか，野菜，果実，畜産物，水産物などのなかから一つを選択して取り上げるようになっています。その学校は農業地域に位置していることもあって，野菜（トマト）を取り上げていました。学校の近くにトマトを栽培している農家があったからでしょうか。「トマトを栽培している農家の○○さんはどのような工夫をしているのだろうか」という学習問題で，収穫のタイミングに見る工夫を考えさせる場面でした。当日は農家の○○さんを招いていましたので，話を聞く機会もありました。子どもたちにとって，○○さんは身近であるだけに，親しみをもって活発に発言するなど授業そのものはとても充実していました。

　ところが，授業を参観していて次のような疑問を抱き，問題点があることに気づきました。

　まず，3年での生産に関する学習との重複です。3年で取り上げられる地域の農家の仕事の学習とどこが違うのかということです。3年の学習の繰り

返しではないかと指摘されます。本教材を3年で取り上げることには何ら問題はありません。

　次に，5年の食料生産についての学習では，「食料生産の盛んな地域の具体的事例」を取り上げるようになっています。ここでは，○○さんという個人の工夫にとどまらず，地域としての生産体制に見る工夫についても取り上げる必要があります。このことを踏まえると，単元名は「トマト生産の盛んな○○市」と名づけることができます。学校が置かれている地域が「トマトの栽培の盛んな地域」なのかどうかを吟味する必要があります。

　さらに，5年ではわが国の農業における食料生産について学ぶことに主眼があります。子どもたちの視野を身近な地域に留めておくのではなく，わが国の国土全体に目を向け，わが国の農業の現状を理解できるようにしなければ，単なる地域学習になってしまいます。

　高学年で地域教材を活用するときには，こうした問題に陥らないように，地域教材を次のように位置づけることが考えられます。

●地域教材を単元の導入場面で扱い，それをもとに全国に目を向け，学習問題を設定します。例えば歴史学習では身近な地域の歴史的事象や人物を取り上げ，そこから「当時，日本の中央ではどのような政治が行われていたのだろうか」という学習問題につなげることができます。

●全国に目を向けた教材を中心に学んだあとに，改めて身近な地域に目を向け，地域の教材を発展的に学習します。例えば教科書などで鎌倉時代について学んだあと，「当時この地域ではどのようなことが起こっていたのだろうか」という課題を設定して，鎌倉街道など身近な地域教材をもとに発展的な学習に取り組むことができます。

POINT

地域教材は中学年ではメインの教材として活用することができます。
高学年では中学年の学習との重複を避け，子どもたちの視野を全国に広げるために，地域教材の位置づけを工夫する必要があります。

子どもたちの発言内容が
バラバラになってはいませんか。

　授業者が発問や指示をして，子どもたちに発言を促しているのですが，子どもの発言を聞いていると，発言した内容に相互の関連性が乏しく，バラバラであることに気づきます。しかも，発言する子どもの姿勢を見ると，教師を意識して発言しています。説明したり報告したり，さらに発表したりする内容が一方向に伝達されているにすぎません。ここでのポイントは発言内容のバラバラ感をいかに解決するかということです。

　授業は発言する・発言を聞くという関係のなかで行われますから，伝え合う活動として展開されます。発言することには，より確かな思考や理解を促すという重要な意味があります。

　しかし，そこでは子どもの発言内容が相互に関連し合うことがほとんどありません。子どもたちが自分が考えたことや理解したことを一方向や双方向に発言し合うだけで終わらせるのではなく，発言が相互に絡み合い，考えを練り上げていくために，次のような事項に留意して指導します。

　まず，子どもたちに発言を促す発問のあり方です。発言が拡散すると，子どもの考えなどが相互に絡むことはありません。「なぜ」や「どうして」，「どのように」や「どのような」，「どちらがよいか」など，発問に疑問詞を含めて発問すると，発言の内容を焦点化し，子どもの発言が絡み合う条件が揃います。

　次に，発言する際には，前に発言した内容と関連づけ，つなげて発言するよう促します。発言するまえに，前の人の発言と自分の意見は同じなのか，違った意見なのかをハッキリさせます。ほかの意見を言いたい場合や質問したいこともあります。ここでは，子どもたちにその場で自分の立場を意思決定し，意思表示する能力が問われます。発言する場への参画意識が薄いと，発言の機会を逃してしまいます。

　また，意見を述べる内容や立場をハンドサインで合図させると，発言の傾向を教師も子どもも把握することができます。授業者は，手の指による合図を見ながら意図的に指名することができます。

　さらに，前の人の発言につなげて発言できるようにするために，机の配置を工夫します。講義方式の配置ではどうしても教師に向かって発言するという意識が働きます。机をロの字やコの字にするだけで，友だちを意識して発言するようになります。発言者の表情にも目を向け，時にはうなずきながら，時には疑問をもちながら，発言者の意図を聞き取ることができるようになると，次に発言しようとする体制がつくられていきます。

　子どもたちに自分でつなげて発言する能力が十分育っていない場合には，授業者が代わりにつなげる役割を果たします。例えば「いま発言した○○さんの意見に対して，自分はどう思いますか。賛成ですか，反対ですか」と，意思決定を促します。時間を少しおき，立場を明確にして意思決定した内容を発言させます。また，「○○さんはいま△△さんの意見を聞いて，納得いかない顔をしていたね。どうしてなのかを話してごらん」と，関連づけて発言するよう促すことも大切です。

　子どもたちの発言内容がバラバラになっているときには，友だちの発言につなげて発言するよう指導します。授業者が子どもの発言をつなげながらよりよい考えに導くためには，教師の意図的な指導と指名が求められます。子どもの発言の意図をくみ取り，発言内容を関連づけることによって，授業の質を高めることができます。子どもの発言を組織化する力は教師に求められる重要な授業力です。

子どもたちは友だちの発言を聞いているのですが，教師に指名されると，バラバラに発言しがちです。子どもも教師も，前に発言した内容に「つなげる」ことを意識することによって，発言の内容が絡み合い，深まりのある話し合いが実現します。

子どもたちにただ発言させっぱなしにしていませんか。

　社会科の授業で，次のような場面にたびたび出会います。小単元「交通事故からくらしを守る」の場面でのことです。

　授業者は「交通事故の現場の様子」の写真を提示して，「写真から，どのようなことがわかりますか」と問いかけました。子どもたちからは，次のような反応が出されました。

C　赤い自動車が事故を起こしてひっくり返っています。

C　おまわりさんが現場で見ています。

C　救急車が来ているので，けが人を運ぶのだと思います。

C　野次馬の人がたくさん来ています。

C　道路が車で渋滞しています。

C　消防自動車が来ていますが，なぜかなと思いました。

C　すごく大きな事故だったのではないかと思います。

C　……

　子どもたちは写真からわかること，気づいたことを次々と発言していきました。授業者は，ただ「そうですね」「ほかにありますか」などと言いながら指名しているだけでした。

　このあと，授業者は「交通事故を防ぐために，警察署ではどのような工夫をしているのか，考えましょう」と問いかけました。子どもたちからはさまざまなアイデアが出されました。

　こうした場面の最大の問題点は，子どもたちにただ発言させっぱなしで，「大切なこと」を確認しないままに次の活動に移っていることです。授業者が次に問いかける発問や指示が，それまでの学習活動などとの関連性に乏しいと，子どもたちは教師の問いかけに対して必然性を感じません。

　なぜこのような事態が生まれるのでしょうか。それは「交通事故の現場の

様子」の写真を提示するとき，授業者は資料からどのようなことに気づかせたいのか，そのねらいを押さえていないからです。

　このあと，授業者が発する「交通事故を防ぐために，警察署ではどのような工夫をしているのか，考えましょう」という問いかけから，逆に考えると，写真から捉えさせたいことは「交通事故の恐ろしさ」です。子どもたちから出された発言を生かしながら事故の恐ろしさを実感させ，それを踏まえて予定されていた発問を問いかけます。

　学習指導案を見ると，子どもに促す学習活動については計画されているのですが，活動をとおして何を学ばせたいのかが明記されていないものがあります。そのため，「大切なこと」を授業者自身が確認しないままに，また子どもたちにも確認させないままに，次の活動に移っています。子どもたちの意識のなかでは木に竹を接いだ格好になっているのです。

　授業者には，子どもたちの発言内容を整理しながら，発言の内容を意味づけたり価値づけたりする役割があります。先の事例で言えば，人の働きに目をつけた発言と施設や設備に目をつけた発言とに分けることができます。この２つは，交通事故を防ぐための工夫を調べる視点になります。

　また，「自動車がひっくり返っている」「けが人を運ぶ」などの発言は，交通事故の恐ろしさにつながるものです。その場で教師が「どう感じたかな？」と問いかけることで，事故のこわさを想像させることができます。

　資料などを提示して子どもたちに発言を求めるときには，この資料から子どもたちに何を発見させたいのかを教師自身が明確に押さえ，そのことを子どもたちに確認させながら，次の学習活動に移行していきます。ただ発言させるだけでは，深まりのある授業にはなりません。

POINT

資料などを提示して子どもたちに学習活動を促すとき，活動をとおして発見させたいことや気づかせたいことを予め明確にし，それらを子どもたちが習得したことを確認しながら学習を展開します。

子どもの発言をただ羅列して板書していませんか。

　黒板とチョークは，わが国において伝統的な教具の一つです。最近では白板とペンに変わってきたところもあります。教室内の配置を見ると，黒板は子どもたちの正面に位置し，教師と子どもの共有の設備になっています。ICT教育が進行するなかでもなくなることはないでしょう。

　「板書を見れば，授業がわかる」と言われてきました。黒板をどのように活用するかということは重要な授業力だと言えます。近年，板書に焦点を当てた授業研究が進み，板書指導案を開発した研究会もあります。

　板書の仕方は授業者によってさまざまです。定められた形式などはありません。多様な使い方があってよいのですが，気になる板書があります。その一つが，授業者が子どもたちの発言内容をひたすら書いている板書です。子どもが話した内容をそのまま書いているものや要約して書いているものもあります。そのような場合，板書の文字量が多くなります。

　このような板書から，授業者のどの子どもの発言内容も大事にしている気持ちが伝わってきます。子どもの名前を書いた小さなプレートを貼ると，子どもは自分の居場所が確認でき，授業への参加意識を高めます。

　しかし，多くの場合，板書された事項が羅列的で，脈絡がハッキリしていないものがあります。単なるメモにしか映らない場合もあります。一人の発言の文字量が多いと，書くことに多くの時間を費やしてしまうこともあります。授業者は子どもたちに背を向けたままの状態になっていますから，子どもたちの表情や態度などを観察する時間は少なくなります。授業者は子どもを指名したあと，書くことに時間とエネルギーが割かれ，子どもたちへのリアクションが疎かになってしまいます。

　子どもたちの発言をいかに板書するか。そのポイントは，発言した子どもも含め，学級の子どもたちにとって意義のある板書にすることです。網羅的

に書くことをやめ，次のような工夫をしながら板書します。

　まず，書くことを重点化します。比較する場面では，観点を定めて図表に表します。また，矢印や二重線などを使って，関係性を可視化します。視覚に訴える板書になるよう努めます。

　次に紹介したのは，３年の「昔の道具しらべ」で，「昔の台所の様子」（絵）を見て発言した場面の板書です。

網羅的な板書例	重点化・構造化した板書
・かまどでごはんをたいていた ・水は井戸の水を使っていた ・つけもののおけがある ・ねんりょうは，まきだった ・まきは山から集めてきたのでは？ ・火ふき竹で火をおこした ・井戸は家の外にあった	・かまど－ごはんをたく 　　　＊ねんりょう（まき） 　　　→近くの山から 　　　＊水→井戸（家の外） 今は？

　板書することは主に教師の仕事です。どのようなことをどこに書くか。予め計画を立てておくとよいでしょう。学習指導案に「板書計画」が示されているのは授業者の板書イメージを表したものです。これは授業の展開イメージでもあります。そのためには，板書したことを子どもたちに読ませるのではなく，学習の状況を見てわかるように，映像として捉えることができるようにすると効果的です。

　できるだけ文字量を減らし，文字の大きさを工夫します。さらに，矢印や色のチョークを使って可視化し，見てわかる板書にします。

POINT

子どもたちの発言を羅列的に板書するのではなく，授業のねらいを踏まえて，板書事項を重点化し，ビジュアルに可視化します。「読む板書」から「見る板書」に転換することがポイントです。

「ハリハリ板書」になっていませんか。

　「ハリハリ板書」という言葉を初めて知った人もいるでしょう。これは研究授業などでよく見る板書です。「ハリハリ板書」とは，授業に先立って用意した写真やグラフなどの資料のほか，本時の「学習のめあて」や子どもの発言を画用紙や大きめのシールなどに書いておき，それらを授業の進行に合わせて，黒板に次々と貼っていくタイプの板書のことです。

　社会科の授業には資料が不可欠です。「ハリハリ板書」では，多くの場合，写真が数多くペタペタと貼られています。グラフや地図などの資料はあまり活用されていません。

　画用紙などに予め書いておくと，子どもの発言を受けて，その場で板書する場合と比べて，きわめて効率的です。最近ではパソコンで作成されたものもあり，文字がとても綺麗です。そして，何よりも授業者にとっては，授業の先が見えていますので安心感があるようです。文字や書き順の誤りを指摘されることもありません。

　こうした授業風景は，写真の印刷が安価にかつ容易にできるようになったことや，印刷技術が進歩し，パソコンが普及するようになってから多く見られるようになりました。余談になりますが，かつては1枚の写真資料を用意するには多額のお金がかかりましたから，慎重に吟味し選択していました。1単位時間に使う資料はせいぜい1枚か2枚でした。

　あるとき，次のような授業場面に出会いました。3年でお菓子工場を取り上げて，学習のめあてを設定する場面でした。

　授業者は，まず店頭に売っている煎餅の実物を提示しました。「食べたことがあるよ」「○○屋さんで売っている」などの発言が出され，子どもたちにとって馴染みのあるものでした。授業者は予め用意してあった煎餅の写真と「せいひん」と書かれたカードを黒板の中央に貼りました。

　授業者は，次に「煎餅の袋の裏側を見てください。原材料が書かれていますね」と言って，写真の左側に少し間をおいて「ざいりょう」と書かれたカードを貼りました。子どもたちからはうるち米，片栗粉などの発言が出されました。授業者はそれぞれに応じながら「うるち米」「かたくりこ」といったカードを黒板に貼っていきました。

　授業者が「ざいりょう」と「せいひん」のあいだに左から右に矢印を引いたときです。子どもたちから「変身したんだ」「まったく形が変わったよ」などとつぶやく声が聞かれました。これらのつぶやきを拾って，授業者は「『変身した』とは面白いことに気がついたね。どうしてそう思ったのか，詳しく説明してくれるかな」と，突っ込みを入れる場面でしたが，通りすぎてしまいました。子どものつぶやきを生かして「どのように煎餅に変身したのかな」といった子どもらしいめあてを設定することができる場面でした。ところが，授業者は予め用意していた「○○屋さんはせんべいをどのようにつくっているのでしょうか」と書かれた模造紙を黒板の左上に貼りました。

　「ハリハリ板書」の問題点は，教師の都合が優先され，子どもたちが授業の場で発した素朴な意見や疑問が生かされないことです。教師が一方的に授業を進行している印象が拭えません。

　子どもたちの反応を想定することは重要ですが，実際の授業の場では用意したカードを使用しないこともあります。予期していない反応が出たときには，その場で手書きするなど，子どもたちに寄り添って授業を進行することが大切です。授業者がその場で板書している時間は無駄のように見えますが，子どもたちはその姿を見て，思考を深め，理解を確認している貴重な時間でもあります。沈黙している時間にも貴重な価値があります。

「ハリハリ板書」にも利点はありますが，ややもすると教師の都合が優先されがちです。用意したカードにとらわれず，子どもの意見をもとにその場で板書を構成することを基本に据えます。

板書の内容を「もう一つの教材」として機能させていますか。

　教材とは学習内容を学び取るための材料のことです。社会科では事例や事例地が取り上げられ，さまざまな形態の資料が子どもたちに提示されます。ここでの教材は子どもたちにとって，あるいは教師にとってもすでに「ある教材」です。

　それに対して，板書される内容は予め「板書計画」として想定されているものをもとに，実際の授業の場で板書されていきます。子どもたちは板書された事項を見ながら学びを深めていきます。板書する行為は創造的な営みだと言えます。その意味で板書の内容は教材としての性格をもっており，「ある教材」に対して「なる教材」だと言えます。

　板書の内容は子どもたちの思考を促し，理解を深めさせる重要な教材としての機能をもっています。板書の内容は「もう一つの教材」だと言えます。板書力は教師が身につけたい大切な授業力です。これまでも板書の大切さは訴えられてきましたが，どのような機能をもっているのかについては十分に確認されてこなかったように思います。

　板書の内容を「もう一つの教材」として機能させるために何より重要なことは，先を見通しながら，意図的に板書していくことです。何を意図して板書するのか。それは次のようなことです。

　まず，本時のねらい（目標）です。本時のねらいは学習のゴールでもあります。終末場面における子どもの姿を表しているのがねらいです。このことは，子どもの発言の受けとめ方や発言内容の板書の仕方に表れます。授業者は今日の学習をとおして何を身につけさせるのか。常にゴールイメージをもって，板書していきます。

　次に，活用する資料の配置です。多くの場合，本時の中心になる資料は大きく作成され，黒板の最も見えやすいところに掲示されます。子どもたちは

常にその資料を見ながら，学習を展開していきます。子どもたちの反応を生かしながら，資料から読み取らせたいことを板書していきます。友だちの意見などを聞いただけでは定着しない内容や事項もあります。文字化し見える化することによって理解が深まります。

　また，本時のねらいに結びつく重要な語句（キーワード）の押さえです。授業を参観していると，授業者が大事にしていると思われる用語は，多くの場合強調して板書されます。赤や黄の色チョークを使ったり，文字を大きくしたり，さらには四角く囲ったりしています。こうした工夫は，子どもたちに印象づける役割があります。矢印などを書き入れることによって，原因と結果や対等関係，相反関係などの関係性を意識させることができます。

　さらに，授業の終末場面では，板書した内容を振り返り，本時のまとめを促すことです。子どもたちが本時の学習を振り返る場面では，自分のノートとともに，黒板に書かれた内容を見ます。板書された今日の「学習のめあて」や掲示されている資料，教師が強調しているキーワードなどは，子どもたちがまとめる際の貴重な材料になります。教師が板書した内容が，子どもたちにとって「もう一つの教材」として機能している場面です。本時の終末場面の板書は「もう一つの教材」の完成品です。

　板書の内容は「なる教材」であると言いました。学習指導案などに「板書計画」を示すのは，授業のゴールをイメージするためだけではありません。子どもたちの思考や理解と深く関わっているという認識をもって，板書の内容を「もう一つの教材」として機能させ，「なる教材」に仕立て上げるためです。「たかが板書」ですが「されど板書」です。

子どもたちは常に黒板と向き合って学んでいます。板書された内容には，教師が用意した資料や教科書と同じように，子どもの思考を促し，理解を深めさせる働きがあります。板書の内容は子どもたちにとって「もう一つの教材」として機能しています。

「板書を見れば授業がわかる」ように構成されていますか。

　社会科の研究発表会では，わずか1単位時間（45分間）に多くの学級の授業を参観することがあります。1学級当たりわずか5分程度しか観察できない場合もあります。たまたま授業者が話していたり，子どもが作業していたりすることもあります。事前にいただいた学習指導案を見て，およその流れを把握していても授業の全体像を捉えることはとても無理です。

　このようなとき，授業が終了したあと，改めて各学級を一巡することがあります。各教室の板書を見るためです。板書事項がすでに消されている学級もありますが，残されている場合には，板書から授業がおよそどのように展開されたのかを把握することができます。

　「板書を見れば授業がわかる」と言います。現在，社会科の板書はほとんどが横書きです。ちなみに，昭和43年版の学習指導要領による教科書までは本文が縦書きで編集されていましたから，板書も縦書きでした。

　近年，学習指導案に「板書計画」が示されるようになりました。また，板書が構造的になり，授業の途中でそれまでに板書した事項を消してしまうことはほとんどなくなりました。板書は「もう一つの授業記録」です。だから「板書を見れば授業がわかる」のです。

　授業の終了後に，板書を見て，授業の何がわかるのでしょうか。

　まず，本時のめあて（課題）は何だったかということです。多くの場合，左上に書かれており，四角で囲んで強調されていますから，分かりやすくなっています。次に，どのような資料を活用して，子どもたちはそれをどのように読み取ったのか。言い換えれば，授業者はどのようなことを読み取らせたのかがわかります。複数の資料が掲示されている場合もあります。

　そして，黒板の右側には本時のまとめに当たる事項が示されています。キーワードだけが書かれている場合もあります。

　板書全体が「本時のめあて―めあての追究―まとめ」の要素で，問題解決的に構成されています。これは授業が問題解決的に展開されたことを示しています。板書が授業と一体になっている場合には，授業がどのように流れたのかを概観することができます。

　板書が「板書を見れば授業がわかる」ように構成されていることは，授業者が問題解決的な学習を意図的に指導していることでもあります。このことから改めて言えることは，「板書を見れば，授業者の授業力がわかる」ということです。板書力は授業力の一つです。

　若い頃に体験したことです。板書について苦い思い出があります。研究授業のあと，ある参観者から「北さんの板書は落書きだ。あれでは子どもはわからない」と厳しく言われたのです。板書の教育的な役割などほとんど意識していませんでしたから，ただ書きなぐっていたのでしょう。自分の意思で線を引いたり丸で囲ったりしていました。子どもたちが理解することなどほとんど考えていませんでした。授業者の単なるメモ書き程度のものだったのです。自己満足だったのかもしれません。そのとき初めて耳にしたのが「板書の精選と構造化」という言葉でした。

　授業の始業時にはまったくの無地の状態だった黒板に，子どもたちと教師との協働作業によって，「授業」という作品が完成していきます。板書は授業の「作品」です。授業で営まれる言語活動は一過性で，見えるかたちであとには残りませんが，板書は消えません。最近の授業記録に板書の写真が掲載されているのは，文字による授業記録では分かりにくい部分を補う役割があります。

POINT

「板書を見れば授業がわかる」と言われるのは，授業の展開と板書の構成が一体に行われるからです。板書が構造的に構成されていることは，授業が分かりやすく展開されている証しです。板書は無地のカンバスに描かれた，教師と子どもによる授業の「協働作品」です。

教師の発問と指示の役割を
混同していませんか。

　授業者は授業で子どもたちにさまざまな種類の言葉をかけています。一方的な知識や技能の伝達型の言葉かけに，説明や解説があります。発問や指示はこの種の言葉かけとは根本的に違います。

　学習指導案を見ると，発問と指示の区別や違いを明確に押さえられていない場面に出会うことがあります。いずれも授業者が子どもたちに発する言葉ではありますが，両者には明らかに違いがあります。

　発問とは問いを発することです。問いとは聞き出すことであり，尋ねることです。教師の発問には子どもたちに思考を促し，理解を深めさせるという役割があります。発問には，次のようなタイプがあります。

思考誘発型：これは「なぜ」「どうして」などの疑問詞を含めて発せられます。理由や根拠，背景など「見えるもの」から「見えないもの」を考えさせる役割があります。例えば「漁師さんが山で植林しているのはどうしてでしょうか」「スーパーマーケットの魚売り場の魚の値段が時間によって変わるのはなぜでしょうか」などと問いかけると，子どもは思考を誘発されます。

事実把握型：これは「どのような」「どのように」などの疑問詞を含めて発せられます。「どのような」は主に現状を，「どのように」はプロセスを捉えさせるときに発せられます。例えば「聖徳太子はどのような業績を残したのでしょうか」「○○工場では，煎餅をどのようにつくっているのでしょうか」などと問いかけると，事実を確認させることができます。

選択判断型：これには「どちらか」などの疑問詞が含まれます。二者択一など複数のなかから選択させるときに使用される発問です。根拠や理由を意思表示させると，判断力のほかに思考力も問われます。例えば「東京都の小笠原村に空港をつくろうという意見があります。あなたは賛成ですか，反対ですか」「『土地の低いところに住む人々のくらし』と『土地の高いところに住

む人々のくらし』のどちらを調べたいですか」などと選択を促します。

意思決定型：これは子ども自身に自らの考えをもたせ，意思表示させるものです。地域に見られる課題の解決策を考えさせるときには効果的です。例えば「市民から出されるごみの量を減らすには，あなたはどうすればよいと思いますか」などと問いかけます。

　これらの発問は，実際の授業の場面において事実を捉える問い，事実の意味などを考えさせる問い，理解の状況を確かめる問いの順で構成されます。発問と発問のあいだの思考や理解の連続性・発展性を重視するとともに，発問を精選・重点化する必要があります。本時のメインの発問（主発問）は，「今日のめあて（課題）」です。

　発問があまり多いと，内容が網羅的になり，高度な授業になりがちです。発問は「問い」とも言われ，教師が意図している発問をいかに子どもに意識させるか。子どもの疑問としていかに昇華させるかが課題になっています。

　一方，指示とは指し示すことです。指図するとも言います。主に子どもたちに学習活動を促す役割があります。例えば「『大名配置図』の地図資料を見て，わかったことをノートに書きなさい」「調べてわかったことを新聞にまとめましょう」などのように，子どもたちに何をするのかを明確に指し示すときに発する教師の言葉かけです。

　指示すると，子どもたちはそれにもとづいて活動しますから，授業がアクティブになります。ただ教師の指示が多すぎると，子どもたちは指示待ちになり，主体性が乏しくなります。子どもたちにはやらされているという意識が働きます。子どもの意思を重視しつつ，いかに指示するかが課題です。発問と指示を効果的に関連づけて授業を展開するようにします。

POINT

発問には子どもたちに思考を促し理解を深めさせる役割があります。一方，指示には子どもたちに学習活動を促す役割があります。両者の違いと特色を踏まえ，効果的に組み合わせて授業を展開します。

教師は何の意図もなく，
子どもを指名していませんか。

　教師は発問によって，子どもたちに思考や理解を促し，挙手で意思表示させます。そのあと，個別に「指名する」ことによって，子どもたちに発言する機会を与えています。

　授業を参観していると，授業者の指名の仕方に課題を感じることがあります。例えば，指名する子どもに偏りがある。声の大きな子どもをつい指名してしまう。挙手をしていない消極的な子どもは指名されないなどの傾向があります。「この列の人，前から順に発言しなさい」のように，機械的に指名していることもあります。いずれにしても，何の脈略もなく授業者はただ漫然と子どもを指名しているようです。そのため，発言する子どもの数は多いのですが，発言と発言のあいだの関連性が乏しく，発言の内容に深まりが感じられません。授業者に代わって誰でも指名することができると感じることもあります。

　授業者は学習指導案という「台本」にもとづいて，授業という「作品」を完成させる立場にあります。子ども一人一人を演技者に例えると，授業者は演出家といったところでしょうか。授業者と演劇などの演出家とは似ているところがあります。演出家は一人一人の演技者のよさや持ち味を引き出し生かしながら，自らのイメージする作品をつくり上げていきます。

　授業は意図的，計画的な営みです。このことは子どもを指名するときにも言えることです。「指名計画」という用語があります。授業のどこで誰を指名するかを予め計画しておくことです。授業の導入場面では，前時との関連からある程度計画しておくことができますが，授業が進行していくとそういうわけにはいかなくなります。子ども一人一人の状況を観察しながら，その場で指名する子どもを決定しなければなりません。そこで求められることは，授業者の鋭い観察力と洞察力，それに瞬時の判断力です。

　子どもたちは，教師の発した発問に対して，瞬時に反応します。資料を提示すると，読み取りながらつぶやいたり，けげんな表情をしたりするものです。授業者はその瞬間を見逃さず，「△△さんはいま何かつぶやいたね。そのことをみんなに説明してくれないかな」とか「○○さんは資料を見て，いま表情を変えたね。どこか不思議なところがあったのかな」などと，その子どもを指名し発言を促します。

　また，子どもたちを観察しながら，「ここで○○さんを発言させ，△△さんの意見との違いを明確にさせよう」とか「ここでは，もう少し同じような考えを続けて発言させよう」などと計算することがあります。指導のねらいを踏まえ，多様な考えを出させたり，論点を明確にしたりしながら，子どもたちの考えを深めていくことは教師の重要な役割です。

　こうした場面で教師に求められることは，「ここで○○さんはたぶんこうしたことを発言するだろう」と予測することです。授業者の子どもに対する理解力と洞察力が必要になります。これは学級を担任している小学校教師の強みでもあります。代役の教師ではけっしてできません。

　授業者の予測が当たると，うれしくなります。それ以上に，授業で指名することの楽しさを味わいます。予想していた反応をしてこない場合もあります。見込みが外れたときは教師の観察不足です。

　日頃何気なく行っている指名ですが，指名するという行為は授業の質を大きく左右するものです。教師と子どもたちのあいだで繰り広げられる，指名を介した緊張感を味わうことができるのは授業者だけです。指名行為は授業者だけが味わえる醍醐味だと言えます。

POINT

授業において，子どもを指名するという行為は一般に教師によって行われています。ややもすると，深く考えずにただ漫然と指名しがちですが，指名は授業の質を大きく左右するものであり，意図的な指名が求められます。教師が指名する行為は授業の醍醐味です。

子どもに次の発言者を
指名させていませんか。

　発言した子どもが次に発言する子どもを指名する「相互指名」という授業場面に遭遇することがあります。ある学級では，2人の子どもが前に出て，全体に向かって質問し，順に指名していました。子どもの主体性を尊重することを地で行っているようでした。

　一方，授業者の動きを見ると，子どもたちの発言をただ板書しているだけでした。子どもたちを見ているだけの場合もあります。いずれにしても授業者は一歩引いた位置にいました。

　子どもたちが自分たちだけで授業を進行している様子を観察していると，一瞬主体的に学んでいるような錯覚に陥ります。と同時に，学級全体での相互指名には次のような問題点があることに気づきます。

　まずは，発言する子どもに偏りがあることです。多くは，ひらめきの速い子ども，積極的に挙手する子ども，声の大きな子ども，知識の豊富な子どもなどに限られています。物事をじっくり考える子ども，控えめな子ども，自信がもてないなど消極的な子ども，挙手をしていない子どもには発言の機会が与えられません。これは発言者に見る問題点です。

　次は，指名者の問題点です。指名者と目の合った子どもを指名する傾向が強く，関心や好みが先行していることです。指名する子どもには，学習指導案に示された，教師の設定した授業のねらいなど知る由もありません。そのため，指名する相手や行為には何の意図もありません。

　さらに，発言の数は多いのですが，学習に深まりが見られないことです。子どもたちの発言は次々と続きますが，やや拡散的になっています。言いたいことをただ発言しているためか，発言の内容に相互の関連性が薄く，学習が深まっていきません。はい回っている状況に陥っている場合もあります。発言が一方向の場合が多く，話し合い活動として成立していないところにも

問題があります。

　学校生活における課題解決について話し合う学級会などでは，子どもが司会者となって進行を担うことがあります。社会科の授業では，その時間に子どもたちに習得させたい知識や技能があります。授業者にはそれらを子どもたちに習得させる責任があり，そのために最大限の役割を果たすことが求められます。子どもたちに責任を転嫁することはできません。たとえ短時間であっても，子どもたちに指名権を委ねてしまうことは，その時間の指導を放棄した格好にもなってしまいます。

　ただ，子どもたちに相互指名を一部委ねることができる場面があります。一つは，3〜6人程度の小グループで話し合う場合です。ここでは進行役を決めて指名させたり，相互に指名させたりして話し合わせることができます。この場合にも，教師が各グループでの話し合いの状況を観察し，全員が参加しているかどうかを見届ける必要があります。必要に応じて，教師が介入することが求められます。

　二つは，一定の知識の習得を求めないなど話し合いの方向性を定めない場合や，話し合いの結論を子どもたちに完全に委ねることができる場合です。ここでは，自由討議が展開されますから，互いに自由に意見を出し合うことにねらいがあります。

　子どもに相互指名をさせるかどうかは，その場の指導のねらいとの関連を踏まえて決定します。子どもの主体性という問題は，活動や行為などかたちでなく，意識がいかに主体的になっているか。学びをいかに深めようとしているかといった意思的な側面から検討する必要があります。

POINT

子どもが相互に指名するという方法がとられています。相互指名は子どもの主体性を尊重しているように見えますが，学習が深まらないという問題点があります。教師はねらいを踏まえて意図的に指名することが大切です。指名は授業の質を左右する授業者の重要な仕事です。

話し合い活動が単なる発表や報告になっていませんか。

　学習指導案には「〜について話し合う」と書かれていますが，実際の授業を参観すると，単なる意見の表明の場合が少なくありません。「調べたことをもとに話し合う」と示された場面でも，単なる発表や報告，説明で終わっています。これでは「話し合い活動」とは言えません。

　まず，「話し合い」という言葉の受けとめ方について整理しておきます。ここで言う話し合い活動とは，単なる一方向の意見表明のことではありません。これは発言することであり，話す活動です。また，互いに意見を表明し合うことでもありません。これは双方向の関わりであり，伝え合う活動です。話し合い活動とは，意見などが網の目のように行き交う討論することや議論することを意味しています。

　「話し合い活動が単なる発表や報告になっていませんか」ということは，「話し合い活動が討論型，議論型になっていますか」ということです。

　授業検討会などで子どもたちの話し合い活動についてたびたび話題になります。しかし，話し合うことを単に発言させることだと受けとめており，討論することや議論することとして捉えている人は少ないようです。

　話し合う活動の場では，多様な考えや考え方が出されます。そこでは，違った意見を認め合うことが求められます。不足した考えには補うなど支援する必要があります。明らかに誤った考えが出されたときには修正することが求められます。話し合う活動は，互いに認め合い，支え合い，高め合う貴重な学び合いの場です。ここでは，将来社会人として求められる，共に生きる心や態度など多様な人たちと主体的，協働的に生きていくために必要な資質・能力を養うことができます。

　話し合い活動の場面では，一人一人が単に意見を述べるだけの話す活動や互いに聞き合うだけの活動に留めるのではなく，よりよい考えや考え方を生

み出す機会として捉え，討論型，議論型の話し合い活動を一層充実させる手だてが求められます。

　そのためには，話し合い活動を組み入れるとき，その意義やねらいを確認しておく必要があります。話し合うことには次の2つのねらいがあります。その一つは，多様な友だちの考えを聞きながら，自分の考えを深めたり理解をより確かなものにしたりするためです。これは個人のレベルでの思考や理解の深化をねらったものです。個人思考と名づけることができます。

　いま一つは，さまざまな意見を出し合い，違いを認め合い調整しながら，協力し合ってよりよい考えを生み出していくための話し合いです。これは協働的で創造的な話し合い活動だと言えます。集団としての思考や理解の深化をねらっています。集団思考と名づけることができます。

　学級やグループで話し合う際には，まず授業者が話し合う目的やねらいをしっかり押さえるとともに，そのことを子どもたちにも事前に知らせておきます。こうすることで，子どもたちは何のために話し合うのかを意識して話し合い活動に参加することができ，あとで話し合った成果を目的やねらいに沿って確認することができます。

　討論型，議論型の話し合い活動を展開するための重要なポイントは，話し合いのテーマです。教師が発問する場合もあります。何について話し合うのかが不明確な状況では話し合いが煮詰まりません。できれば，テーマや発問に疑問詞が含まれているとよいでしょう。例えば「みかん農家の工夫について話し合いましょう」よりも，「みかん農家ではどのような工夫をしているのか，話し合いましょう」と問いかけたほうが，話し合う内容が焦点化します。疑問詞を含めると，討論や議論が展開しやすくなります。

POINT

「話し合い活動」が十分に展開されていない現状が見られます。討論型の話し合い活動を充実させるためには，話し合いの目的やねらいを明確にするとともに，話し合う際のテーマ（発問）に疑問詞を含めます。

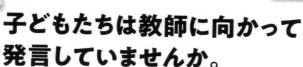
子どもたちは教師に向かって発言していませんか。

　授業中，子どもたちを見ていると，ほとんどの子どもたちが教師に向かって発言しています。教師との１対１の関係になっています。もちろん自分の考えなどを教師に伝えることは大切ですが，時と場合によっては子ども同士が顔を合わせて発言するスタイルも必要です。

　いま「主体的・対話的で深い学び」を実現する授業づくりが求められています。「対話的な学び」とは，教師はもとより，友だちや地域の人たち，教材や題材に登場する主人公などと対話しながら自らの学びを深まりのあるものにしていくことです。国語辞典によると，対話とは向かい合って話すことですから，１対１の関係です。学校や学級という集団は多様な友だちで構成されていますから，協働的な学びが重視されます。さまざまな考えなどを出し合い，みんなで学びを深まりのあるものにすることができます。

　そのためには，教師に向かって発言するというスタイルを根本から改め，友だちのほうに顔を向けて話しかけるように発言させる必要があります。

　一方，聞く側の子どもたちはどうでしょうか。話す子どもの教室内での位置によっては背中を見て聞いたり，後ろから声を聞いたりする格好になっています。これでは対話どころか，協働的に学んでいるとはとても言えません。話している人の顔を見て話を聞くことは礼儀でもあります。

　こうした状況が生まれる背景にはいくつかの要因があります。その一つは子どもたちに教師から教えてもらうという受け身の姿勢が強く，教師には子どもたちに教えるという姿勢が強いことによります。両者のあいだにある伝統的な関係性が発言の仕方にも影響していると言えます。

　いま一つは，教室内の教育環境です。教師が一方的に知識や技能を伝達するのに都合がよい，講義式の授業に合った机の配置になっていることです。子どもたちの正面には教師がいて，黒板と対面しています。これも教室の伝

統的な風景です。明治以降のわが国の伝統的な教室環境が子どもたちの発言
の姿勢に影響を与えているのではないでしょうか。

　教師に向かって発言するというスタイルを対話型，協働型に変えるには，
教師はもとより子どもたちの授業に対する参画意識を次のような観点から変
える必要があります。

　まず，学校は友だちとともに学ぶ場だという意識を徹底することです。こ
れは子どもたちに仲間意識や共同体意識を養うことでもあります。友だちの
考えに学び，つまずいている子どもには支援の手を差し伸べることをとおし
て，学校や学級はみんなでよりよい考えを出し合いながら高め合っていく場
であることを認識させます。三人寄れば文殊の知恵と言われるように，多様
な考えを出し合うことによって，よりよい考えが生み出される場だという意
識をもたせることです。

　次は，学習に対する主体性を育てることです。これまでの知識や技能の伝
達型の授業では，子どもたちは教師から教えられるという意識が先行してい
ました。教師が発した問いや自分たちで意識した疑問に対して，すぐに教師
から教えてもらうのではなく，自分たちで解決しようとする意欲や態度を育
てることです。こうした授業への参画意識は発言の仕方を変えていきます。

　さらに，物的，人的な環境を工夫することによって，子どもたちの意識を
変えます。そのためには，まず机の配置を工夫することです。学習の環境を
変えることによって子どもたちの学習への姿勢を変えることができます。例
えば，机の配置をロ型やコ型にすると，子どもたちは相互に対面する関係に
なります。次に教師の立つ位置を工夫します。教室の正面ではなく，側面や
後ろのほうに移動すると，子どもの目の導線が変わります。

POINT

**子どもたちはどうしても教師に向かって発言しようとします。こうし
た姿勢を変えるには，子どもたちに授業への参画意識を養うとともに，
机の配置を工夫するなど学習環境を変えることがポイントです。**

「対話的な学び」
——形だけが優先されていませんか。

学び合い活動や対話的な学びが重視されるようになって，次のような授業をたびたび参観するようになりました。

子どもたちに活動を促す教師の言葉かけです。順に示します。

T 「レタス農家の仕事」の資料を見てください。どんなことに気づきましたか。まず個人で作業して，ワークシートに書きなさい。

T では，時間がきましたから，次にワークシートに書いたことを出し合って，グループで交流してください。あとで発表しますから，グループごとにボードに書いてください。

T それではグループでの作業をやめてください。次にグループごとに発表していきます。

ここでは，個人作業→グループ協議→学級全体での発表という流れで学習が進行していることがわかります。言語活動の充実が叫ばれ，対話的な学びが重視されるようになって，「個人→グループ→全体」といった順で学習が進行していく学習形態を多く見るようになりました。

このような子どもたちが学んでいる内容を考慮しない，「はじめに学習形態ありき」の授業展開に問題はないでしょうか。こうした学習場面に接すると，一人一人の子どもがいまどのようなことを考えているのか。どのような活動を求めているのかということよりも，学習の形や手順が優先されているように思います。なぜ，最初に個人で作業させるのか。なぜ，次にグループで作業させるかを考えながら，学習形態を決定したいものです。「形ありき」では子どもの意識や思考が必ずしも連続していきません。

子どもたちがさまざまな学習形態で学び，それぞれの学習形態のよさを経験することはとても大切なことです。しかし，それは子どもたちにとって必要性があって取り入れられるもので，はじめから予定されるものではありま

せん。子どもたちから出される発言の内容に偏りがあるとき，ここでグループで意見の交換をさせ，もっと多様な考えを出させよう。ここでは個人作業のあと，グループでの話し合いを省略していきなり学級全体での話し合いにもっていこうなどと，子どもたちの学習の様子を観察しながら，状況に応じた臨機応変な対応が求められます。

　ある授業でのことです。地図や文書などの資料を活用しながら，聖武天皇による，奈良の大仏造営について調べたあと，授業者は「これらの事実から，奈良時代はどのような世の中だったと言えるでしょうか」と問いかけました。ところが，子どもたちからは何の反応もありません。教室内の沈黙が続きました。発問が難しかったようです。意見のある子どもはいたようですが，自信がなかったのかもしれません。

　すると，あるリーダー格の子どもが突然「先生！　グループで話し合ってみたいので，少し時間をもらえませんか」と，教師にグループで話し合う時間を求めてきたのです。ほかの子どもからも「お願いしまーす」と同意する声が出されました。子どもたちは必要に迫られてグループでの協議時間を要求してきたのです。子どもたちが授業をつくっていると感じた場面でした。

　学級内で対話的な活動を充実させる際に重要なことは，個人やグループ，全体といった形（学習形態）を優先するのではなく，その場における子どもたちの思考や理解の状況との関係のなかで学習形態を決定することです。子ども一人一人にとって必要性を感じ，必然性があることが必須の要件です。

　学習指導案に予め計画しておくことはあっても，実際の授業では子どもたちの状況を観察しながら，学習形態を臨機応変に展開します。授業においては授業者の観察力と柔軟性が求められます。

POINT

対話的な活動を充実させるためには，学習の進行に応じて，子どもたちが個人，グループ，全体といった学習形態の必要性を感じるようにすることが大切です。形ありきの対話的な学びは慎みたいものです。

机の配置がいつも講義方式に なっていませんか。

　わが国の学校の教室の机は通常，黒板に向かって配置されています。これは伝統的な教室の風景です。教師が多数の子どもたちを対象に知識や情報などを一斉に伝える際には最適なスタイルです。これを講義方式とします。多くの学校の机の配置は講義方式が一般的です。子どもたちは多くの時間をこのスタイルで学んでいます。教師も子どもも慣れているのでしょう。こうした伝統的な机の配置が子どもたちの学びに影響を及ぼし，授業に対して受動的な姿勢を助長していると考えられます。

　机は移動することができますから，授業におけるさまざまな学習活動に応じて，机の配置を工夫する必要があります。配置の仕方には次のようなスタイルがあります。次のページにはそれぞれを図で示してあります。

　まず，講義方式の場合です。机が一列になっている場合（図1）と2つの机が横に並んで配置されている場合（図2）があります。前者は，1人で調べたり考えたりするときに適しています。ペーパーテストなどを実施するときにはこのスタイルがとられています。一方後者は，2人でペアになって話したり作業したりするときには移動する必要がなく，便利な配置です。

　次は，グループを構成する場合です。2人で組をつくるときには，机を向かい合わせると互いに顔が見えます（図3）。ただ文字や資料などが互いに逆さまになり，見えづらくなります。そのため，図2のように，横に並ばせることもあります。3〜6人の机を組み合わせると，グループでの話し合いや作業などがしやすくなります（図4）。その場合，机の高さを揃えておくと，作業がしやすくなります。グループの人数は子どもの発達段階や学習活動によって違ってくることがあります。小学校では最大でも6人までがよいでしょう。人数が多すぎると，参加に消極的な子どもやただ見ているだけの子どもが出てきたり，小さなグループができたりするからです。

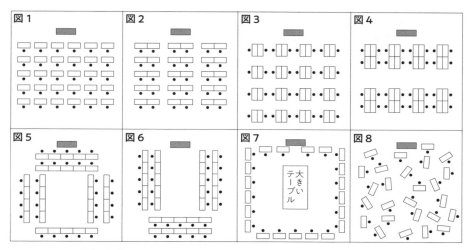

　さらに，学級全体で討論するときに適した机の配置があります。これには
ロ型（図5）とコ型（図6）があります。いずれの配置も多くの子どもが互
いに顔が見える関係をつくることができます。ロ型の場合，黒板に背を向け
る子どもが出てきたり，教師が立つ位置に戸惑ったりすることがあります。

　このほかにも，個別学習の場合には，机を外向きにしたり（図7），自由
に移動させたり（図8）する方法もあります。

　これらの配置は，その場面の学習活動や学習形態によって決定されます。
幸い一人一人に与えられている机は移動することができますから，１単位時
間においても臨機応変に配置を変えることができます。社会科だけでなく，
さまざまな教科等の授業で取り入れることによって，子どもたちは机をスム
ーズに移動させることができるようになります。机の向きなどが変わると，
教室の風景も変わり，子どもたちの意識を新たにすることができます。

**教室の机の配置は重要な学習環境です。学習の目的や学習活動に応じ
て机の配置を工夫することにより，子どもの学習に対する意識や姿勢
を変えることができます。協働的な学びを促すこともできます。**

子どもに考えさせる場面を
設定していますか。

　社会科のある学習指導案を見て，授業を参観したときのことです。学習指導案の本時のねらいに「私たちが毎日出しているごみを市が処理している理由を考えることができる」と示されていました。ここから，授業者は子どもたちに考える力を育てようとしていることが読み取れました。

　子どもたちはどのようなことを考えるのだろうかと，興味をもって授業を観察しました。授業では，市の人たちはごみをどのように集め，始末しているのかについて，資料で具体的に調べていました。しかし，45分間のどこにも「市がなぜごみを始末しているのか」について考えさせる発問も場面もなかったのです。これでは，本時のねらいに重要なことが書かれていても実現はできません。

　授業者が設定する目標やねらいは単なるお題目ではありません。目標はこの単元やこの時間に子どもたちに実現させる内容を示したものですから，いわば"公約"のようなものです。結果責任という言い方がありますが，授業者には指導の結果が問われることにもなります。目標と一体化した指導を展開することなく，目標を実現させることは不可能です。指導の目標を設定することの意味と重みを改めて確認したいものです。

　本時のねらいに示された「～を考えることができる」という文言から，子どもたちに考える活動をとおして考える力（思考力）を育てたいという，授業者の願いや意図を読み取ることができます。社会科の学習指導案には「～であることを理解することができる」という目標が多く見られるなかで，考えることを位置づけた目標設定はきわめて重要です。

　わが国の子どもたちは習得した知識や技能を活用して課題を解決するために必要な思考力，判断力，表現力などの能力が十分育っていない状況が見られます。これらの能力は，教師がいかに分かりやすく教えても身につきませ

ん。考え方を教えても考える力は育ちません。自転車の乗り方を説明しただけでは，実際に乗れるようにならないことと同じです。子ども自身が周囲の人たちの援助を得ながら自転車に乗ることに挑戦し，時には失敗も繰り返しながら，徐々に乗れるようになります。思考力，判断力，表現力などの能力を育てるときもこれと同じではないかと考えます。子ども自身が考えるという活動を繰り返し体験することによって，考えることができるようになり，思考力という大きな力が徐々に身についていくのではないでしょうか。

　そのためには，教師が子どもたちに考えさせる内容を目標に位置づけ，考える場面を意図的に設定する必要があります。その際，事前に社会的事象を具体的に調べ，事実を確認させること，事象や事実をもとにした考え方を指導すること，考えたことを出し合い，考えをさらに深めさせることなどが必要になります。本事例では，市の人たちがごみをどのように集め，始末しているのかについて調べたことが事実の把握に当たります。これらをもとに，ごみの始末を個々の家庭ではなく，なぜ市役所など公共の機関が行っているのかを考えさせます。個人という私と比較させながら，公共という公の役割を考えさせるところにポイントがあります。私と公を比較するという見方・考え方を指し示すと考えやすくなります。

　こうした考え方や指導の手順は，思考力だけでなく，判断力や表現力を育てる場合にも同様なことが言えます。これらの能力も子ども自身に判断する，表現するという行為や活動を促すことによって育てられます。

　なお，これらについてさらに詳細は，拙著『「思考力・判断力・表現力」を鍛える新社会科の指導と評価』（明治図書）を参考にしていただきたいです。

POINT

指導の目標と指導の実際がズレていることはありませんか。目標を実現させるためには，目標に示されている内容を身につける活動を組み入れます。考える力（思考力や判断力）は，子ども自身が考えるという活動を体験することによってはぐくまれます。

地域人材を活用するとき，
地域の人に丸投げしていませんか。

　社会科に限らず，地域の優れた教育資源をさまざまな教育活動に取り入れること（カリキュラム・マネジメント）が求められています。具体的には地域の素材を教材化するほか，人材（人財）を活用したり，博物館や郷土資料館などの施設を利用したりする取り組みが行われています。

　地域の「人・もの・こと」の活用は，いずれもこれまでの社会科の授業で重視されてきました。ここでは，そのうち，地域人材の活用に焦点を当てて，実践上の課題について考えてみます。

　地域の伝統的な行事であるお祭りを取り上げた授業でした。子どもたちは地域の青年など若い人たちが減少していくなかで，高齢者が祭りを引き継ぎ守り続けていることを知りました。これに対して，子どもたちからは「どうして守っているのだろうか」という疑問が出てきました。子どもたちに高齢者の思いを考えさせ，発表させたあと，授業者は次のように話しました。

　「祭りを守り続けている理由をいろいろと考えることができましたね。では，今日は地域の祭りの保存会の人に来てもらっていますから，お話を聞きましょう。それでは○○さん，お願いします」

　授業者は○○さんと事前に打ち合わせを行っていたようです。祭りの法被を着た○○さんはメモを手にしながら，用意した話を始めました。それまで子どもたちが話題にしていたことと関係のない話も出てきました。子どもたちは真剣に聞き入っていましたが，すっかり受け身の姿勢です。授業者は子どもたちと同じ場所に移動し，聞き役に回っていました。○○さんの話を聞いていると，「由緒」「祭礼」「巡幸」「文化財」など，3年の子どもたちにとって難解な用語が登場しましたが，授業者は何の介入もしません。ただうなずきながら聞き入っているだけでした。一方的な話は20分ほども続きました。そのうち，飽きてくる子どもも見受けられました。その間，授業は○○さん

への丸投げ状態でした。

　地域の人たちの協力を得ることは，すべてを任せてしまうことではありません。授業者と地域の人とのチームティーチングの場です。子どもたちに分かりにくい用語が出されたときには話を一旦ストップさせ，例えば「由緒とはどういう意味ですか。分かりやすく説明していただけますか」などと子どもたちに代わって地域の人に問いかけます。あるいは，子どもたちに「由緒の意味はわかりますか。国語辞典で調べてごらん」などと用語の意味を確認させます。

　社会科授業に地域の人が登場するとき，いきなり話を始めることが多いようですが，これでは木に竹を接いだ格好になってしまいます。次のような手順をとると，それまでの学習との関連を図ることができます。

　本授業では「どうして守っているのだろうか」という疑問が出たあと，子どもたちに高齢者の思いを考えさせていますから，まず，このことについて〇〇さんはどのように考えているのか。子どもたちの考えに対して評価を受けます。的を得た考えや考え方には褒めてもらうようにします。そのあと，子どもたちからは出されなかったことについて説明していただきます。ここでは子どもたちは新しい発見をします。このあと，子どもたちにさらに不明な点を質問させ，さらに考えを深めさせます。進行は教師が行います。

　このように，子どもたちと地域の人とのあいだに一方向ではなく，双方向の関係をつくるようにします。この関係をコーディネートするのは授業者です。子どもたちにとって，地域の人は新しい情報の提供者であると同時に，「もう一人の先生」なのです。

POINT

地域の専門家を教室に招いて話を聞くことによって，社会科授業の質を高めることができます。授業者は地域の人とチームティーチングを行うという意識をもって，子どもたちに積極的に関わる必要があります。地域の人に丸投げしてはいけません。

学習指導案に学習活動だけが
計画されていませんか。

　社会科の学習指導案に定まった形式はありません。学習の展開の書き方もさまざまです。表組みに書かれた見出しも「学習活動・子どもの予想される反応」「教師の発問・指示」「学習内容・学習活動」などさまざまです。

　近年「本時の課題をもつ」「○○について調べる」「○○についてまとめる」「○○について話し合う」「本時の学習を振り返る」などと，学習活動だけが計画されている学習指導案にたびたび出会います。これは教師が「教える」ことより，子どもが「活動する」ことを重視しているものです。背景には，アクティブ・ラーニングが提唱されていることや子どもの主体性を重視したいという意図があるのかもしれません。

　学習活動を中心に据えた学習指導案から，子どもたちにどのような活動を促すのかを読み取ることはできますが，次のような課題があります。

　この種の学習指導案による授業では，子どもたちに学習活動を促す教師の指示が多くなります。子どもたちの姿勢はそれなりに活動的になりますから，一見すると主体的に学んでいるように見えます。子どもたちが生き生きと活動している様子を見ていると，授業者はつい安心してしまいます。しかし，これらの活動は教師の指示によって促されたものですから，子どもの頭や心のなかの意識や真意を確かめる必要があります。

　こうした授業を参観していて不安に感じることは，いま展開した学習活動（これをAとします）から次に展開する学習活動（Bとします）への移行です。子どもたちが学習活動Aで調べたことを発表させたあと，「では，次に○○について調べましょう」と，学習活動Bが促されます。ここでの問題は，学習活動Aでの学習成果が確認されないままに，学習活動Bに移行していることです。学習指導の展開がマニュアル化されている印象が拭えません。このような学習指導案は，学級担任でなくても，誰でも同じようにできるので

はないかと思います。

　子どもたちが活動的であることは重要ですが，子どもは「何を」学んでいるのか。授業者は子どもに「何を」学ばせたいのかが明確でないと，社会科の授業として成立しているとは言えません。社会科は内容教科であり，さまざまな知識を習得・獲得させることに役割があるからです。

　学習指導案を見ても，押さえたい内容が学習活動ごとに明記されていないことも気になります。そのため，授業者は授業の単なる進行役になっています。授業者自身がそれぞれの学習活動をとおして何を指導したいのかを把握していない場合も見られます。これでは「活動があって学びがない」と言われてしまいます。アクティブな学習活動をとおしてラーニング（授業）として成立させるためには，1単位時間で習得させたい知識を明確にするとともに，1単位時間内で展開される主な学習活動ごとに学ばせたい最低限の知識（内容）を明確にしておく必要があります。

　学習活動Aのあとに，その知識の習得状況を見きわめ確認してから，学習活動Bに移行していきます。そのためには学習指導案の枠組みに「学習活動・内容」という名称を位置づけるとよいでしょう。

　このような工夫をすることによって，授業者は学習活動ごとに習得させる知識を意識し，確実に身につけさせることができます。本時の終末場面では習得した知識を生かしながら，よりレベルの高い概念的な知識に導くことができるようになります。一方，授業の参観者は授業者の意図やねらいを学習指導案から読み取ることができます。授業後の検討会などでは，学習指導案と実際の授業とを結びつけながら授業の成果を検証することができます。

POINT

学習指導案に「学習活動」を明記することは子どもたちに活動を促すために必要です。「活動あって学びなし」と指摘されないように，学習活動ごとに習得させたい知識（内容）を明記しておきます。これによって意図的な指導ができ，知識の習得や確認が可能になります。

学習指導案どおりに指導しないといけないと思っていませんか。

　研究授業を実施するときなどには，わずか1単位時間（45分）の授業のために，多くのエネルギーと時間を費やして学習指導案を作成します。社会科では，各方面から必要な資料を探し出し，用意します。発問や指示の内容についても十分吟味・検討します。授業者は事前に授業のイメージトレーニングをしたり，ほかの学級で試行授業を行ったりします。学習指導案は子どもたちの思考や理解の筋道や発達の実態などに十分配慮しながら，練りに練って作成するのが常です。

　ところが，実際の授業では学習指導案どおりに展開しない場面に出会うことがたびたびあります。子どもたちは教師の作成した学習指導案を見ていませんから，教師の考えなど知る由もありません。予期しない場面に遭遇することはある意味で当然のことだと言えるでしょう。こうした場面での対応の仕方は，大きく次のように2つに分かれます。

　その一つは，計画した学習指導案に固執して指導するタイプです。この場合には，学習指導案と子どもたちの意識とのあいだにズレが生じることがありますが，指導者としての教師の意向が優先されますから，教師の強引さが印象づけられます。いま一つは，子どもたちの反応を最大限重視するタイプです。学習指導案に示された方向と大きく逸れていくことがあります。

　どちらのタイプを尊重すべきなのでしょうか。そもそも論で考えると，子どもは日々成長している生身の存在であり，一人一人は多様な存在です。それに対して学習指導案はたった一つです。一つの指導方法にすべての子どもたちを合わせようとしています。このことから，いかに子どもの実態を踏まえて綿密な計画を立てたとしても，子どもたちは計画どおりに応答してこないと考えるほうが自然です。

　子どもたちをこのように捉えると，学習指導案どおりに子どもたちが動く

はずだとか，反応してくるに違いないと思い込むことは教師のおごりだとも言えそうです。逆に言えば，学習指導案どおりに指導しないといけないと思うこと自体が教師の思い過ごしではないかと思います。

　授業が始まったら，学習指導案を一旦忘れて，学習指導案にとらわれないで子どもたちに寄り添った指導に徹します。すなわち，授業を進行させながら，子どもの実態に即して，その場で学習指導案を修正していくことが大切です。授業力のある教師は，子どもたちの反応を生かして発問を変えています。その場で資料提示の方法を工夫しています。

　多くのエネルギーと時間をかけて作成した学習指導案ですから，「作成したものを忘れる」ことは実際にはできませんが，ここで授業者に求められることは学習指導案を修正する心のゆとりと度量，それに対応能力です。

　その際重要なポイントは，本時の目標からは大きく外れないようにすることです。指導の目標は常に強く意識しつつ，それに行き着く筋道は多様にあってもよいわけですから，その範囲で指導方法を修正します。目標そのものを修正しなければならない事態に遭遇したときには，指導時間そのものを改めて設定する必要が出てきます。

　「せっかく作成した学習指導案を授業中に変えてもよいのであれば，最初から学習指導案を作成する必要があるのか」という意見が出されます。学習指導案を作成することで，広義の教材研究を深めることができます。授業の構想力や想像力を身につけることもできます。授業中に修正する行為ができるのは予め作成されているからです。学習指導案を作成することには重要な意義や役割があり，作成することを軽視するものではありません。

POINT

学習指導案はじっくり時間をかけて作成したものですから，授業中に安易に変えることは望ましくないという意見があります。しかし，実際の授業では，子どもたちが学習指導案どおりに反応することは少なく，そうした場面では学習指導案を修正する能力が求められます。

チャイムが鳴っても
授業を続けていませんか。

かつて次のような指導を受けたことがあります。

「チャイムが鳴ってからいつまでも授業を続けているのはよくない。チャイムが鳴ってからは，子どもたちはほとんど聞いていないのだから……」

授業者にはその時間に指導したいことがあります。資料も用意されていますから，計画どおりに指導したいという気持ちがあります。社会科の研究授業で45分のところを60分以上もかけている場合もあります。チャイムが鳴ったあとに，教師が「これが最後の資料です」と言ってから，さらに「もう一枚の資料を見てみましょう」と追い打ちをかける場合もあります。

計画どおり最後まで授業を進めたい。せっかく準備したのだから，すべての資料を提示したいという気持ちは痛いほどわかります。しかし，子どもたちはチャイムを聞くと，心のなかで「終わり」のスイッチが入り，それまでの緊張の糸は切れてしまいます。心のなかはすでに次の行動に移り，「早く終わらないかな」という意識が充満しています。このような状態の子どもたちを相手に授業を続行することは酷なことです。

小学校において1単位時間は45分間ですが，これはあくまでも便宜上決められたものです。各時間の目標はいつも45分間で実現できるとは限りません。実際には，45分間を要しない場合もあれば，子どもの状況によっては45分以上かかる場合もあるでしょう。余談になりますが，昭和45年頃から，小学校で40分授業が行われた時期があります。

決められた時間のマスに子どもの学習活動を当てはめること自体教育的とは言えません。学校は多くの学年や学級から構成されている集団生活の場です。周囲への影響などを考えると，チャイムが鳴ったら，たとえ途中であっても，そこで一旦授業を終了させます。

そのためには，授業者は45分間で終了させるという時間管理を徹底すると

ともに，45分間という時間感覚を磨く必要があります。

　次のようなことを体験したことがあります。縄文時代から弥生時代に移行したことについて議論したときのことです。学級のなかで「世の中が大きく変わった」と捉えた子どもたちと，「それほど大きくは変わらなかった」という意見の子どもたちに大きく分かれました。これまで調べてきたことを出し合い，口角あわを飛ばしながら議論が伯仲しました。チャイムが鳴ったのですが，聞こえなかったようです。

　教師は「時間がきましたから，討論するのはここまでにします」とストップをかけました。しかし，終わる気配はありません。チャイムを無視して，議論を続けているのです。すると，何人かの子どもたちから「次の時間は体育ですが，社会科を続けてやりたいです。体育はほかの日に変えてください」と提案してきたのです。学級全体の合意を取りつけて，討論は次の時間にも引き継がれました。

　先日参観した授業でのことです。授業者が「今日の勉強はここまでです」と終了の言葉をかけたときです。ある子どもが「もう終わったの。今日は時間が経つのが早かったよ」とつぶやいたのです。この言葉を聞いて，この子どもにとって，今日の授業は充実していたんだと実感しました。

　時間感覚は人によって違います。45分間という時間資源はすべての子どもたちに同等に与えられています。しかし，その受けとめ方は人それぞれに違います。短く感じることもあれば，長く退屈になることもあります。一般的に言えば興味をもって集中して取り組んでいると時間は早く過ぎます。熱中度が高いほど充実感を味わいます。

POINT

小学校において１単位時間45分という枠組みに教育的な深い意味はありませんが，集団で学校生活を営んでいることを考慮すると，チャイムと同時に授業を終了させるよう努めることが大切です。子どもたちが終わりの時間を忘れて熱中する授業を行いたいものです。

学習評価の主要な目的は
評定することだと捉えていませんか。

　これまで学習評価と聞くと，多くの人は成績を連想しました。具体的には，ペーパーテストの点数や通知表のことやＡ・Ｂ・Ｃにランクづけることなどと結びつけていました。ここには，評価することイコール評定すること，すなわち成績評価として捉える評価観が長いあいだ根強く見られました。

　そのため，子どもたちを評価するとき，成績をつけることを目的に，常に評定することに関心と意識がありました。授業において，Ａ基準，Ｂ基準，Ｃ基準をつくって子どもたちを観察しようとするのは，子どもたちを３つのレベルに振り分けたり，ランクづけたりするためであり，評定を意識した取り組みだと言えます。

　学習評価の目的は評定することにあるとか，成績をつけるために評価するなどと受けとめる傾向は上級学校ほど強いようです。

　何のために子どもたちを評価するのかという問いは，これからの学習評価のあり方や方向性を考える基本でもあります。

　なぜ，教師は子どもたちの学習状況を評価しているのでしょうか。学習評価の目的は，大きく捉えて，次の３つがあります。

　まず，学習の様子や成果を保護者や子どもに伝えるためです。教師は学期末に通知表（通信簿）を作成して渡したり，個人面談の場などで話したりします。できるだけ分かりやすく丁寧な評価情報の提供が求められます。これを評価の伝達機能とします。

　次は，年度末に指導要録を記載するためです。小学校の場合，中学校に抄本を作成する作業も行われます。指導要録の様式２（指導に関する記録）の保存期間は子どもが卒業してから５年間です。これらのことは法的にも定められており，管理的な意味合いがあります。これを評価の管理機能とします。指導要録は年度が替わり，新しい学級の子どもたちを担任した教師が活用す

ることもありますから，一部指導機能も含まれています。

　さらに，従来から「指導に生きる評価」とか「指導と評価の一体化」など
と言われてきたように，評価結果を指導に生かし，よりよい授業をつくるた
めに行われます。もしつまずいている子どもがいたときには，再度指導しま
す。すでにクリアしている子どもにはさらに発展的な学習を促すこともあり
ます。いずれも子どもたちに学力をつけるために評価結果が生かされます。
これを評価の指導機能とします。

　3つの目的のうち，どれが主要かと問われれば，3番目の授業改善に生か
し，子どもたちに確かな学力をつけるためだと言えます。

　このことに関連して，最近「記録に残す評価から，学習・指導に生かす評
価」が重視されています。これは評価結果を教師が自らの授業改善に生かす
とともに，それらを子どもに伝えることにより，子ども自身が自らの学習改
善に生かすというものです。学習評価の教師と子どもにとっての目的が明確
にされました。

　いずれにおいても重要な視点は，評価が学習や指導のゴールではなく，次
の学習や指導の改善につなげるということです。これからは，記録に残す評
価より，教師の指導改善と子どもの学習改善に生かされる評価が求められま
す。学習評価の結果は教師だけのものではないということです。いわゆる
PDCA のC（点検・評価）の結果をA（対応・対処）へ結びつけることが
教師だけでなく，子どもにとっても重視されます。

　なお，単に「評価」ではなく「学習評価」と表記するようになったのは，
学校評価，授業評価，教員評価などと区別するためです。

POINT

**学習評価の主要な目的は，評価結果を教師が授業改善につなげるととも
に，子ども自身が自らの学習の改善を図り，よりよい学習状況を生
み出すことにあります。評価結果をA・B・Cで判定して記録に残し，
成績をつけることが学習評価の主要な目的ではありません。**

評価と評定の違いを
混同していませんか。

　まだまだ，子どもを評価することは，子どもを評定し成績をつける営みのこととして受けとめられています。これは評価を成績評価として捉えているものです。評定とは，子どもの学習状況を観察して，Ａ・Ｂ・Ｃや点数をつけることです。それらの一部が通知表や指導要録に記載されます。

　学期末や学年末になると「いよいよ評価の時期だ」と言われたり，「子どもの学習意欲は評価できるのか」という質問が出されたりするのは，評定に近い評価観によるものです。これは，これまでのわが国の学校では，長いあいだ子どもたちにペーパーテストなどの結果をもとに，成績をつけるための評価が行われてきたことによります。

　評定する際には，評定のためのものさし（評定尺度）が必要になります。授業でのものさしをこれまで「評価規準」とか「評価基準」と言ってきました。ここでは３段階や５段階などのランクが設定されます。例えば，観点別評価の結果は「Ａ・Ｂ・Ｃ」の３段階で評定し，記号を使って記載されます。指導要録の評定欄には「１・２・３」の３段階で記載されます。ちなみに，中学校の指導要録の評定欄には「１・２・３・４・５」の５段階で記載されています。各学校が作成する通知表に「よくがんばりました」「ふつうです」「努力しましょう」などと示されているのは，子どもの学習状況を３段階の評定尺度で判断するものです。

　これらの評定尺度によって，子ども一人一人の「位置」を明確にすることができます。評価方法には絶対評価と相対評価があり，それぞれによって位置の表れ方が変わります。

　絶対評価を実施した場合には，目標に照らして十分実現しているのか。概ね実現しているのか。あるいはさらに努力を要する状況なのかなど，目標に対する実現状況の「位置」が明らかになります。これは絶対的な位置です。

ここでは目標に準拠した評価が行われます。そのため，理論的には，すべての子どもが「Ａ（十分満足できる状況）」と判断される場合もあります。努力の成果や結果が目に見える形で表れやすいというメリットがあります。

　一方，相対評価の場合には，その集団において十分満足できるほうにいるのか。努力を要するほうにいるのかなど，学級や学年など集団のなかでの位置が明確になります。ここでは集団に準拠した評価が行われます。相対評価の評定尺度には，５段位の場合，例えば「５が10％，４が20％，３が40％，２が20％，１が10％」などと一定の割合が定められています。そのため，個人の努力の成果が結果に表れにくいという問題点があります。

　子どもたちを評定することは，通知表や指導要録を記載するために必要な作業ですから，否定されるものではありません。先に説明した評価の３つの目的を踏まえると，前者の２つのためには評定に近い作業が行われます。

　学習評価と評定の関係は，学習評価を大きな円で表すと，評定はそのなかに位置づけられます。評定は学習評価の一部ではありますが，学習評価そのものではありません。

　今日，学習評価全般にわたって絶対評価で実施することが主流になってきました。この背景には，学習指導要領の基準性が一層明確になったことがあります。学習指導要領にはすべての子どもに身につけさせる最低限の内容が示されているという「最低基準」という考えです。すべての子どもに身につけることを目指して指導し，その学習状況を評価するとき，相対評価は馴染まなくなったというわけです。絶対評価でなければ，学習指導要領にもとづく目標設定の趣旨が生かされないことになります。

POINT

評価することは評定することだと受けとめられがちですが，評定は評価の一部です。評価・評定する方法には，絶対評価と相対評価があります。指導の目標に照らして評価するとき，集団のなかでの位置を示す評価（相対評価）は馴染まず，絶対評価が主流になります。

なぜ観点別評価を実施するのかを理解していますか。

　わが国では，子どもの学習状況を観察し評価するとき，指導要録が学籍簿と言われた頃から「観点別評価」が実施されてきました。昭和31年度から使用された指導要録に示された社会科の評価の観点は「社会的な関心」「思考」「知識・技能」「道徳的な判断」の４つでした。

　今回，各教科の学習指導要領の目標・内容の大幅な改訂に伴って，評価の観点も改められました。評価の観点は，目標の構成要素と一体だからです。これからの評価の観点は，各教科共通に「知識・技能」「思考・判断・表現」「主体的に学習に取り組む態度」の３つになりました。ちなみにこれまでの社会科の評価の観点は「社会的事象への関心・意欲・態度」「社会的な思考・判断・表現」「観察・資料活用の技能」「社会的事象についての知識・理解」の４つでした。社会科の場合，評価の観点を構成する要素は平成４年度から，基本的に変わっていません。

　指導要録に３学年から記載される「評定」や「総合所見及び指導上参考となる諸事項」の欄は，従来から観点別評価を補完するものとされてきました。そのため，低学年では評定が行われてきませんでした。また，今回，「総合所見」欄の記載に当たっては，「要点を箇条書きとするなど，必要最小限のものにとどめる」としています。ここには，子どもに伝えられる評価情報を子ども自身が自らの学習の改善に生かすために，日常の指導の場面で子どもにフィードバックさせることを充実させるという趣旨があります。近年の学校の働き方改革に沿った配慮事項でもあります。

　日常の学習・指導において，子どもの学習状況を評価・評定する中心は観点別評価です。平成４年度以降，子どもの学習状況を評価する基本は「観点別評価」とされてきました。各学校では，これらの観点に準じて通知表の様式が決められていることもあり，観点別評価は子どもたちや保護者にもかな

り馴染んできた評価方法だと言えます。

　では，なぜわが国において，これまで観点別に評価することを中心に据えてきたのでしょうか。このことについて，公に示されたことはありません。それどころか，「観点別評価」の用語は学校教育に関する法律や施行規則，学習指導要領などには一切登場してきていません。法的な根拠が乏しく，慣例として行われてきたものです。

　観点別評価が重視される理由を次のように考えることができます。私たちが物事や人などを理解するとき，ただ漫然と見るだけではなかなか内面まで深く捉えることはできません。このことを工場見学に例えると，次のようになります。子どもたちが工場を見学するときに，原材料の入手先をはじめ生産の工程，働く人の工夫，製品の輸送先など見学の視点を事前に指導します。そして，視点ごとに事実などを観察・収集し，結果を忘れないように見学カードにメモするよう指導します。見学後，学校に戻ってから視点ごとにわかったことなどを出し合い，それらを関連づけたり総合化したりして，工場での生産活動に対する総合的な理解を深めるようにしています。

　観点別に子どもの学習状況を観察・評価するのは，子どもを理解するためのあくまでも便宜上の手だてです。子どもはけっして観点別に学習しているわけではありません。もちろん，教師も観点別に指導していません。観点は評価の都合上設定しているものです。

　「木を見て，森を見ず」という慣用句があります。これになぞらえると，「木を見て，森を見る」という手順で子どもの学習状況を捉え理解することです。「木を見る」とは観点別，分析的に評価することであり，「森を見る」とはそれらをもとに総合的，総括的に評価することに当たります。

POINT

わが国において伝統的に取り入れられてきた観点別評価は，子ども一人一人の学習状況を分析的に捉え，子どもへのよりきめ細かい指導に生かすために実施されてきた評価方法です。

Q55

学習指導要領の目標・内容と評価の観点とのズレを捉えていますか。

　学習指導要領に示された社会科の教科目標や各学年の目標は，「資質・能力」の３つの柱とされる次のような項目から設定されています。

(1)　知識及び技能に関する目標

(2)　思考力，判断力，表現力等に関する目標

(3)　学びに向かう力，人間性等に関する目標

　これらを受けて，各学年の内容には，身につけるべき知識及び技能と思考力，判断力，表現力等について具体的に示されています。ただ，知識に関しては，習得させる具体的知識や獲得させる概念的知識ではなく，理解させる事項が示されています。また，思考力，判断力，表現力等に関しては，思考力，判断力，表現力に関する具体的な能力ではなく，思考力，判断力，表現力の育成につながる，着目する，捉える，考える，表現するなどの学習活動が示されていることに留意する必要があります。

　学びに向かう力に当たる，よりよい社会を考え主体的に問題解決しようとする態度や，人間性等に相当する地域社会に対する誇りや愛情，地域社会の一員としての自覚といった心情面に関する事項は，すべての内容にほぼ共通していることから，重複を避けるために省略されています。各単元において，目標の(3)を踏まえ指導する必要があることに変わりはありません。

　学習指導要領の目標や内容を踏まえて指導し評価する際の評価の観点は次のようになりました。

・知識・技能

・思考・判断・表現

・主体的に学習に取り組む態度

　目標の構成要素と評価の観点との関係は次ページのように表すことができます。「学びに向かう力」は学習意欲・態度ですから，主体的に学習に取り

【目標の構成】	【観点別評価の観点】
(1)　知識及び技能　……	知識・技能
(2)　思考力，判断力，表現力等　……	思考・判断・表現
(3)　学びに向かう力，人間性等　……	主体的に学習に取り組む態度

組む態度とほぼ同義に捉えることができます。目標の構成要素の「人間性等」に関する目標は観点に含まれておらず，学習指導要領に示されている目標の構成と観点別に評価する際の評価の観点には一部に齟齬があります。

　このことを理解するには，学校教育法第30条に規定された学力を構成する基本要素を確認する必要があります。学校教育法には学力の基本要素が次のように規定されています。

・基礎的な知識及び技能を習得させる

・これら（習得した基礎的な知識及び技能）を活用して課題を解決するために必要な思考力，判断力，表現力その他の能力をはぐくむ

・主体的に学習に取り組む態度を養う

　「人間性等」に関する事項は学力の基本要素から外されていることがわかります。観点別評価に馴染まないということから，個人内評価という方法を取り入れて評価することになりました。

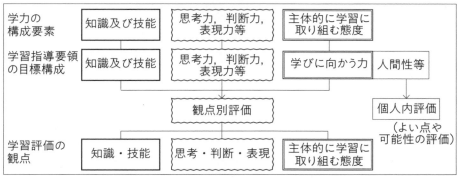

学力の構成要素と学習指導要領の目標構成と評価の観点との関連図

評価結果を数値化して
機械的に処理しようとしていませんか。

　評価の客観性や信頼性が強く求められると，どうしても評価結果を数値化（数量化）しようとする意識が働きます。このことによって，主観的な評価になりがちだという問題点を解決しようとしてきました。

　社会科の場合，知識の習得・獲得状況は，覚えているかどうか。理解しているかどうかを見ればわかりますから，ペーパーテストで評価することができます。もちろん問題の質は問われなければなりませんが，10問中８問ができれば「Ａ」だとか，８～４問であれば「Ｂ」，３問以下の場合に「Ｃ」などと判定することができます。こうした機械的な処理は誰が行っても同様な結果が出ますから，客観性の高い評価方法だと言えます。

　しかし，思考力，判断力，表現力などの能力の育成状況を見る「思考・判断・表現」の観点は，機械的に処理して評価することができるかという問題があります。次のような処理方法に出会ったことがあります。

　６時間扱いの単元の学習で「思考・判断・表現」の評定場面が例えば３か所あった場合です。それぞれの場面での評定の結果が「Ｃ・Ｂ・Ａ」と記録されていましたので，単元における総括的評価は「Ｂ」と判定されました。平均値を出したのです。このような処理方法で判定すると，「Ａ・Ｂ・Ｃ」や「Ｂ・Ｂ・Ｂ」もすべて「Ｂ」になってしまいます。こうした処理方法に問題はないのでしょうか。思考力，判断力，表現力などの能力の育成状況を評価する趣旨に合致しているのでしょうか。

　知識や技能は量的な性格をもっており，学習をとおして新たな知識や技能を積み重ねていくのに対して，思考力や判断力や表現力は質的な意味合いをもっています。これらの能力は徐々に，スパイラルに養われはぐくまれていくものです。このことは，知識や技能の評定とは違い，数量的，機械的な処理は馴染まないことを意味しています。学習の導入場面では，思考力，判断

力，表現力が十分育っていなくても，学習と指導の結果，最終の場面で十分に育った結果が見られれば，「Ａ」と判定することができます。

　ただ，そもそも小単元のそれぞれの場面で，思考力，判断力，表現力などの能力の育ち具合を「Ａ」とか「Ｂ」などと判定できるのかという問題があります。思考力，判断力，表現力といった能力は数時間という一つの小単元で簡単に育ったり育たなかったりするものではありません。評価するとき，思考力，判断力，表現力などの能力の特性に十分配慮する必要があります。

　ものごとを見たり考えたりするとき，定量的な視点と定性的な視点があると言われます。このことに当てはめると，前者は子どもの学習状況をペーパーテストなどの結果から数値的に表すことであり，後者は学習状況を授業中の発言やノートの記述，エピソードなどを見て判断することです。

　新しい評価の観点は「知識・技能」「思考・判断・表現」「主体的に学習に取り組む態度」に改められました。「知識・技能」の観点は定量的な評価が可能であるのに対して，「思考・判断・表現」や「主体的に学習に取り組む態度」の観点は学習の質的な側面を評価するものです。評価結果を安易に数値化したり機械的に処理したりすることは，これらの観点の趣旨にそぐわない結果になります。

　数値化し機械的に処理できる部分は子どもの学習状況のどこか。長い目で観察し，学びの質を観察・評価する部分はどこかを見きわめ，それぞれの観点の趣旨を踏まえた評価方法を取り入れるようにします。すべてを機械的に処理しようとすると，特に「思考・判断・表現」や「主体的に学習に取り組む態度」の観点に関しては趣旨に合わない結果になりかねません。

評価の観点「知識・技能」は子どもに身につける「資質・能力」の量的な側面であり，「思考・判断・表現」や「主体的に学習に取り組む態度」は質的な側面です。学習評価に当たっては，安易に数値化して処理することは慎み，各観点の趣旨を踏まえた評価方法を取り入れます。

いたずらに細かな評価計画を作成していませんか。

　これまで「指導と評価は一体だ」と言われてきました。このことは教師が子どもを指導していること自体が評価していることであることを言ったものです。教師の指導場面のどこにも評価は位置づいていますから，厳密な評価計画を作成するとなると，理論上は指導の展開と一体に評価計画が作成されることになります。ただ，必要以上に細かな評価計画を作成することは，ややもすると，指導を疎かにし，評価のために指導している状況に陥ります。あるいは，評価計画が実行されず，結果として絵に描いた餅になってしまうことにもなります。

　「指導と評価の一体化」が叫ばれ，「指導と評価の計画」を作成することが求められた頃，評価計画を厳密に作成しようとする動きが見られました。子どもの学習状況を評価するために，毎時間すべての観点の評価規準を作成した指導計画を見たことがあります。そこには，A・B・Cの3つの基準が示されていました。わずか1単位時間にすべての観点の評価などできないにもかかわらずです。そもそもそのような授業はありえません。

　また，1単位時間の授業のあらゆる場面に評価規準を設定して，評価しようとしている学習指導案も見られました。

　これらは，いずれも「評価計画の充実」をうたったものです。こうした計画は研究授業など特別な授業ではたとえ実行できたとしても，一つの単元をとおしていつでもできるかと問われると，長続きしないことは言うまでもありません。子どもの学習状況を評価する営みは，一つの単元や小単元を継続してはじめて確かな評価情報が得られるものです。その意味で，評価計画の簡素化をいかに図るかを考えなければ，一過性の評価になってしまいます。

　中央教育審議会教育課程部会のワーキンググループが平成31年1月にとりまとめ公表した「児童生徒の学習評価の在り方について（報告）」には，

「日々の授業の中では児童生徒の学習状況を把握して指導に生かすことに重点を置きつつ，『知識・技能』及び『思考・判断・表現』の評価の記録については，原則として単元や題材等のまとまりごとに，それぞれの実現状況が把握できる段階で評価を行う」と記述されています。また「単元や題材ごとに全ての観点別学習状況の評価の場面を設けるのではなく，複数の単元や題材にわたって長期的な視点で評価することを可能とすることも考えられる」としています。

　ここでは，「記録」に残す評価を重視することから，指導に生かすことに重点をおいた評価を求めています。合わせて，「記録」に残す際には，1単位時間ごとに細かく記録するのではなく，単元のまとまりごとに，あるいは複数の単元にわたって評価することを推奨しています。これまで細かな評価計画を作成し，「記録」に残すことを強く意識して取り組んできたことに対して警鐘を鳴らしているものと受けとめることができます。

　こうした指摘の背景には，評価の各観点の趣旨を踏まえ，日常的に継続して実施できる簡素な評価計画の作成を求めていることがあげられます。合わせて，学校の働き方改革の観点から作業の軽減を図るためです。

　評価計画を作成する際には，「指導と評価は一体である」との趣旨を踏まえ，評価結果を子どもの学習と教師の指導の改善に生かすことを目指して作成します。その際，目標に照らして評価する場面を重点化すること，目標に照らして判断する際の規準をできるだけ具体的に示しておくこと，子どもの学習活動と一体に評価すること，子どものつまずきへの手だてを計画しておくことなどに留意します。記録に残すことを意識しすぎると，評価のための計画になりがちです。

POINT

学習評価は継続的に実施されてはじめて意味をもちます。一過性で終わらせないためには，各観点の趣旨を踏まえ，結果を子どもの学習と教師の指導に生かすことを重視した，指導と評価の計画を作成します。

Q58

本時のねらい（目標）と評価規準がズレていませんか。

　本時の学習指導案の展開欄に評価計画が示されるようになって久しくなります。これは子どもの学習状況を意図的に評価しようとするもので，とても大切なことです。

　単元や小単元の指導に当たっては，目標を設定しますが，合わせて観点別の評価規準を示すことがあります。本時の指導においても，ねらい（目標）とともに，評価規準が示されています。

　次のような目標と評価規準に遭遇することがあります。

　本時の学習指導案には，目標が「徳川家光が行った参勤交代の制度のねらいについて考えることができる」と示されていました。目標を受けて，本時では武家諸法度に規定された内容や加賀藩を例に江戸とのあいだにかかった日数や費用などについて調べる活動が計画されていました。そして，本時の終末場面に「徳川家光が行った参勤交代について調べまとめている（技能）」と，評価規準と関連する評価の観点が示されていました。

　ここから，目標と学習活動（指導）と評価規準の三者の関連を読み取ることができます。評価規準と子どもの学習活動（言い換えれば，教師の指導）とはきちんと関連していることがわかります。ところが，評価規準が目標に照らして評価するときのものさしになっているかといえば，両者にズレがあることがわかります。目標には「制度のねらいを考える」とありますが，評価規準は「調べまとめることができたか」となっています。評価の観点との関係を見ても，目標は思考力，判断力，表現力に関わる事項が設定されているにもかかわらず，評価規準の内容は「知識・技能」の観点のうち，「技能」に関わる事項になっています。

　評価規準は目標に準拠して評価するとき，判断する際の具体的なものさしであることを改めて確認したいものです。

　また，次のような評価規準に出会うこともあります。

・スーパーマーケットで働く人の工夫について考えている。

（見学カードの記述内容）（思考・判断・表現）

　ここには，評価規準が示され，評価する手段や対象が書かれています。そして，主として関わりのある評価の観点名が示されています。

　これに対して，本時の目標は「スーパーマーケットを見学して，働く人の工夫について考えることができる」と示されていました。1単位時間においても，目標に準拠した評価を行うことが基本ですから，目標と評価規準は表裏一体でなければなりません。ここに示した評価規準は目標とほぼ同様な内容になっていますから，一体の関係になっています。ただ，このような内容で評価規準として機能するのかという問題があります。

　評価規準とは，一般に概ね満足できる状況のことを言います。ここでは，働く人の工夫について考えているかどうかを判断する際のものさしが評価規準ですから，できるだけ具体的に示さなければ，判断することができません。例えば「商品の並べ方，値段のつけ方，パックづめの仕方などの観点から，働く人の工夫を多面的に考えている」などと示すと，工夫の内容を具体的に捉えることができます。また，多面的に考えているかどうかを評価の対象にすることもできます。

　目標に掲げている「考えている」状況をどのような観点から，どのように考えさせようとしているのかを具体的に示すことによって，評価規準として機能します。

POINT

評価規準とは，子どもの学習状況を指導目標に照らして判断・評価するときの規準（ものさし）のことですから，目標と一体の関係になっていなければなりません。また，子どもの学習活動に即してできるだけ具体的に示さなければ，判断の拠りどころが不明確になってしまいます。

「知識・技能」と「能力」を 同じように捉えていませんか。

　社会科をはじめすべての教科において，基礎的な知識や技能の習得・獲得状況は「知識・技能」の観点で評価し，思考力，判断力，表現力の育成状況は「思考・判断・表現」の観点で評価します。「知識・技能」と「思考・判断・表現」の観点を同じように捉え，同じような考え方と方法で評価している傾向が見られますが，知識や技能と思考力，判断力，表現力はそれぞれ異なる性格をもった学力です。

　両者の違いを整理することによって，評価方法の違いが明確になります。知識や技能は，内容にもよりますが，教師が説明したり教えたりして，短時間に身につけることができます。このことは，単元や小単元の学習によって習得させる具体的な知識や概念的な知識が違っていることからも理解することができます。また，知識や技能は比較的目に見えやすい，量的な学力だと言われてきました。知識や技能は量的な意味合いをもち，学習をとおして量やかさとして積み重ねられ増加していきます。「物知りですね」と褒められたり「昔取った杵柄」などと修練した技量を言い表したりするのは，知識や技能に立脚した学力観によるものの言い方です。

　このような性格をもった知識や技能は，ペーパーテストや実技テストを実施したり，ノートの記述内容を見たりして評価することができます。子どもが習得しているかどうかの有無が判断しやすく，評価結果を数値化することもできますから，客観的な評価が可能です。

　一方，思考力，判断力，表現力などの能力はどうでしょうか。教師がいかに分かりやすく説明し教えてもけっして身につきません。子ども自身が考えるという活動や行為をしなければ身につかない学力です。知識や技能を「教える学力」だとすれば，思考力，判断力，表現力などの能力は「育てる学力」です。教育という文字が「教える」と「育てる」から成り立っているの

もうなずけます。

　これらの能力は１単位時間や一つの小単元の学習で短時間に育成されるものでもありません。単元全体や複数の単元をとおして，学期や学年という長期的な視野で育てていくものです。また，目に見えにくく質的な学力だと言われてきました。思考力，判断力，表現力は学習をとおして，スパイラル（螺旋階段）のようにはぐくまれていくものです。

　思考力，判断力，表現力などの能力の育成状況を評価する際には，子どもの学習状況を長い目で観察し理解することが求められます。１単位時間で育ったとか育っていないなどと判断できるものではありません。能力の育ち具合をできるだけ見える化する必要もあります。思考・判断させ，それらを発言や記述，作品などに表現させることによって，その内容が捉えられ，これらの能力の育ち具合を評価するきっかけになります。またペーパーテストでは評価しにくく，過去に取り上げた事例や事例地をもとに問題作成すると，知っていれば解ける問題，知識の有無を問う問題になってしまいます。ペーパーテストの問題作成に当たっては大胆な発想の転換が求められます。

　このように，「知識・技能」と「思考・判断・表現」の違いは，同じような評価観による評価方法では評価できないことを意味しています。

　思考力，判断力，表現力などの能力とよく似た観点に「主体的に学習に取り組む態度」があります。態度を評価する際にも，質的な意味合いをもっていることから，子どもの学習状況を長期的に観察し評価することが求められます。知識や技能と同じような評価方法は馴染みません。各観点の趣旨を踏まえた評価方法の開発が求められます。

POINT

知識や技能と思考力，判断力，表現力などの能力とは基本的に性格の異なった学力（資質・能力）です。前者は量的なものであり，後者は質的なものです。観点別評価を行う際には，それぞれの違いを踏まえた評価方法を取り入れる必要があります。

「知識」と「技能」を 区別して捉えていますか。

　従来，社会科においては「知識・理解」と「観察・資料活用の技能」の2つの観点から評価していました。これからは「知識・技能」として，2つの要素を一体化して評価・評定することになりました。

　学習指導要領には，内容ごとに身につける知識や技能が示されています。例えば4年の「自然災害から人々を守る活動」に関する事項は次のような内容です。

（ア）　地域の関係機関や人々は，自然災害に対し，様々な協力をして対処してきたことや，今後想定される災害に対し，様々な備えをしていることを理解すること。

（イ）　聞き取り調査をしたり地図や年表などの資料で調べたりして，まとめること。

　（ア）に関して，ここには，自然災害に対して対処してきたことや備えていることが，理解する内容として示されています。実際の授業では，県や市などさまざまな関係機関が施設・設備（ハード）と人々の働き（ソフト）の面から対処や備えの事実を具体的に調べる活動が行われます。子どもたちは聞き取り調査をしたり資料などを活用したりして調べながら，具体的な知識を習得します。それらをもとに，災害発生時の「対処」と災害発生への「備え」という重要なキーワード（概念的な知識）を獲得します。

　「知識・技能」の観点に示された知識とは，用語や語句も含めた具体的な知識と概念的な知識のことであり，前者の知識は知っているかどうか（習得状況）の評価であり，後者の知識は理解しているかどうか（理解状況）を見る評価になります。ここで言う「理解すること」とは，習得した具体的な知識（事実）をもとに，「対処と備え」という概念的な知識について説明できるかどうかを評価するものです。論理的に説明することができれば，その子

どもは「理解している」と捉えることができます。

　「知識」の評価に当たっては，ここで取り上げられる知識とは何かを明らかにするとともに，それらをいかに習得しているかということと，それらをもとにいかに理解しているかを捉えることが大切です。学習指導要領に「理解すること」と示されているのは，単に具体的な知識を習得しているかどうかを評価するだけではありません。具体的な知識を概念化して説明できるかどうかを評価するものです。

　一方，「技能」については，資料などから具体的な知識をいかに読み取り，まとめているかを評価するものです。調べたりまとめたりしている内容をもとに評価することがポイントです。ただ単に新聞などに要領よくまとめていることだけが評価の対象にはなりません。意欲的に調べていればよいということでもありません。習得している技能を効果的に使いながら調べるとともに，調べたことやまとめたことがそこで身につけることが期待されている知識であり，理解すべき内容でなければなりません。

　ここで事例にした「自然災害から人々を守る活動」の単元では，聞き取り調査をしたり地図や年表など資料で調べたりして，まとめているかどうかを調べたことやまとめた内容をもとに判断・評価することになります。

　「技能」の評価に当たっては，知識や理解，思考力や判断力，表現力，さらに学習に主体的に取り組む態度などととの関連を捉えることも大切です。

　学期末や学年末に「知識・技能」として総括して評定する際には，知識と技能のそれぞれの評定結果をもとに行います。その際，「知識」と「技能」のそれぞれの割合や重みづけを明確にしておく必要があります。

POINT

「知識・技能」の観点に関する内容は，学習指導要領に区別されて示されています。授業においては，知識と技能のそれぞれを意図的に指導しますが，学期末などには従来の「知識・理解」の評価と「観察・資料活用の技能」の評価を一体化して評定することになります。

毎単位時間，すべての観点を評価しようとしていませんか。

　社会科は内容教科ですから，1単位時間においても習得させる用語や語句を含めた具体的な知識があります。それらを教師が一方的に説明したり伝達したりして身につけるのではなく，子ども自身が目的意識をもち，調査活動や資料活用などをとおして主体的に学び取っていくことに意義があります。そこでは，社会的事象の意味や働きなどを考えたり価値を判断したり，さらに調べたことや考えたこと，理解したことなどを表現したりする活動を展開します。思考力，判断力，表現力などの能力を発揮する機会にもなります。

　学習指導要領の目標を構成している資質・能力の「3つの柱」（知識や技能，思考力，判断力，表現力などの能力，学びに向かう力や人間性など）の要素は，日々の社会科授業において軽重の違いはあれ，いずれも有機的に関わっています。授業では教師が資質・能力の柱ごとに指導したり，子どもたちが柱ごとに学んでいるわけではないからです。授業とはそもそもさまざまな要素が相互に絡み合いながら展開されていく総合的な営みです。

　学習指導要領の「内容」を踏まえて単元や小単元を構成し，目標を設定するとき，その要素は学習指導要領の「目標」に示された要素（資質・能力の「3つの柱」）にもとづくことになります。そのうえで，単元や小単元での観点別の評価規準を設定して評価・評定します。このことはこれまでと基本的に変わるものではありません。

　1単位時間の目標（ねらい）は，単元などの「目標」に示されたすべての要素から設定することは考えにくく，要素を精選して重点化することが考えられます。そうでないと，授業が焦点化しません。学習活動が拡散してしまうことにもなります。このことは，子どもの学習状況を評価するとき，目標の内容に連動して評価の観点も焦点化されることを意味しています。

　目標設定と主たる評価の観点との関連を次のように考えることができます。

・「○○について資料で調べ，○○についてわかる」

　ここでは，「知識」と「技能」の2つの要素が含まれていますから，評価の観点は「知識・技能」になります。

・「○○について資料で調べ，○○であることの意味を考え，判断することができる」

　ここでは，「技能」を発揮している状況や獲得した社会的事象の意味に関する「知識」についても評価できますが，「思考・判断・表現」の観点を中心に評価します。

・「資料の読み取りをとおして，学習問題に気づき，問題解決していこうとする意欲をもつことができる」

　ここでは，資料を読み取る技能を評価することも大切ですが，究極的には問題解決への意欲をもつことにありますから，「主体的に学習に取り組む態度」の観点から評価することになります。

　ここでの論旨はあくまでも指導の改善に結びつける際の評価のポイントを述べたものです。「思考・判断・表現」や「主体的に学習に取り組む態度」の観点についての評定は，単元や小単元全体を見通して，あるいは複数の単元での学習状況をもとに総合的に実施します。これらの能力や態度は1単位時間など短時間ではぐくまれるものではないからです。

　教師の指導や子どもの学習に生かすために実施する評価と，保護者などに伝えたり通知表や指導要録に記載したりするために実施する評定とは区別して考える必要があります。

授業とはそもそも，知識や技能の習得と思考力，判断力，表現力の育成と主体的に学習に取り組む態度の形成が一体的に営まれるものです。しかし，1単位時間の目標は重点化して設定されることから，評価に当たっても観点を重点化する必要があります。すべての観点を評価することは現実的ではありません。

「思考・判断・表現」を短時間で 評定しようとしていませんか。

　教師の実施する学習評価に対して信頼性や客観性が強く求められたとき，「評価補助簿」を作成する取り組みが行われました。いろいろな形式が開発されましたが，基本は毎時間に実施した評価結果を記録していくものです。観点ごとに「A・B・C」や「◎・○・△」のように3段階で記録していく様式が一般的でした。こうした取り組みは，子ども一人一人の学習状況を観察し，記録に残して，それらを通知表や指導要録などの記載に活用することに意味がありました。しかし，次のような問題点がありました。

　まず，教師の授業中の関心が記録することに向き，子どもたちを振り分けたりランクづけたりする意識が強く働いたことです。評価結果を自らの指導に生かすという視点が疎かになってしまいました。授業中，教師が子どもたちの名簿を持って，子どもたちの机のあいだを歩く姿がたびたび見られました。座席表や名簿などにAやBやCなどと記録する時間があったら，つまずいている子どもに声をかけてほしいと思ったものです。

　次に，評価することは評定することだと受けとめる傾向が強く見られたことです。いまでも「A基準，B基準，C基準」などと言われるのは評定することを意識しているものです。これによって，評価に対して成績評価を印象づける結果になってしまいました。評価は本来，子ども一人一人のよさや可能性を見いだし，さらに伸ばすことにねらいや意図がありました。にもかかわらず，常に成績をつけることを意識した評価になっていました。

　さらに，このような評価（評定）を毎時間行おうとしたことです。そのため，教師は評価活動を負担に感じ，長続きしなくなってしまいました。綿密な評価計画が作成されていても，それを毎時間継続できないという問題です。小学校の教師はあらゆる教科等の指導をしていますから，いかに簡素化し簡便な方法を取り入れるかを常に考えなければ，継続はできません。このこと

は何事にも言えることです。

　そして，さらに大きな問題は，観点の趣旨が十分に生かされなくなってしまったことです。社会科においては，１単位時間で習得させる具体的な知識があります。社会に関する用語や語句も登場しますから，それらの習得状況を評価することもできます。これらは必要なことでした。一方，思考力，判断力，表現力などを評価する「思考・判断・表現」の観点についても１単位時間でＡ・Ｂ・Ｃといった基準で評定する動きが見られました。これらの能力は，１単位時間など短時間ではぐくまれるものではありません。少なくとも単元や小単元，できれば学期や学年という長い時間をかけて徐々にはぐくまれていくものです。こうした趣旨を踏まえると，長い目で子ども一人一人の育ち具合を評価・評定することが重要です。

　136ページで紹介した「報告」でも，日々の授業では子どもの学習状況を把握した結果を指導に生かすことに重点をおき，「思考・判断・表現」の評価の記録については，単元や題材等のまとまりごとに行うとしています。

　「思考・判断・表現」の観点の評価に関しては，さらに次のような問題もあります。思考力，判断力，表現力などの能力を評価することであるにもかかわらず，思考する，判断する，表現するといった活動を評価していることです。活動している姿とともに，思考，判断，表現した内容をもとに，これらの能力を評価することが求められています。さらに，思考力，判断力，表現力と一つのフレーズで捉えられていますが，思考力や判断力と表現力は違います。思考力と判断力の違いにも配慮して評価する必要があります。

POINT

「思考・判断・表現」の観点は，思考力，判断力，表現力などの能力がはぐくまれているかどうかを評価するものです。日々の授業では，本観点の趣旨を踏まえて評価した結果を指導に生かすことを重視し，評定は単元や小単元など長期的な視野に立って実施します。

「主体的に学習に取り組む態度」を 外見で評価していませんか。

　昭和55年の指導要録の改訂によって，社会科の観点に「社会的事象に対する関心・態度」が初めて登場しました。このときには，「関心・態度」の観点が各教科に共通して盛り込まれました。平成４年度から使用されていた指導要録で「社会的事象への関心・意欲・態度」と名称を変え，その後，平成14年度及び平成23年度から使用された指導要録に引き継がれました。そして，今回「主体的に学習に取り組む態度」と改められました。

　従来の「社会的事象への関心・意欲・態度」の観点には，それまでの「社会的事象に対する関心・態度」と同様に，学習意欲・態度と社会的な態度の２つの側面がありました。このうち，前者の側面だけを受け継いだのが「主体的に学習に取り組む態度」の観点です。後者の社会的な態度に当たる「人間性等」に関する事項は，学力を構成する基本要素から外されたこともあり，観点別に評価するのではなく，個人内評価という方法で実施することになりました。

　これまでの「関心・意欲・態度」の評価に対して，授業中に挙手した回数や作品などの提出状況，ノートのとり方など子どもの学習活動を外見だけで判断していないかという指摘があります。確かに，積極的に発言する子どもは教師の印象が強くなりますから，発言の少ない子どもと比べても，よい評価になりがちでした。ノートや作品を評価するときにも，文字の綺麗さや作品の出来栄えに目が向いていた傾向は否めません。

　中央教育審議会の答申「幼稚園，小学校，中学校，高等学校及び特別支援学校の学習指導要領等の改善及び必要な方策等について」（平成28年12月）や，その後，ワーキンググループでとりまとめられた「児童生徒の学習評価の在り方について（報告）」（平成31年１月）には，「主体的に学習に取り組む態度」の観点について次のような記述が見られます。

　「子供たちが自ら学習の目標を持ち，進め方を見直しながら学習を進め，その過程を評価して新たな学習につなげるといった，学習に関する自己調整を行いながら，粘り強く知識・技能を獲得したり思考・判断・表現しようとしたりしているかどうかという，意思的な側面を捉えて評価することが求められる」としています。ここでは，自己調整と粘り強さが強調されています。また，「このことは現行の『関心・意欲・態度』の観点についても本来は同じ趣旨である」としていますが，このようには捉えられてきませんでした。

　社会科における自己調整とは，例えば，学習問題を設定し予想したあと，どのように問題解決するかを計画することであり，問題解決の過程で学習計画を修正することでもあります。これらは，自らの学習状況を見つめつつ，学びの内容や方向性を見定めたり，必要に応じて軌道修正したりすることです。これからは「学習の自己調整」という趣旨を踏まえて，子どもの心情面や意思的な側面を評価することになります。

　新しく衣替えした「主体的に学習に取り組む態度」の観点の評価に当たっては，従来の「関心・意欲・態度」と同じ趣旨であるとしていますが，子どもの学習活動を外見で判断・評価するのではなく，次のような側面を踏まえて評価することが新たに求められます。

　一つは知識・技能や思考力，判断力，表現力などの能力を身につけるために粘り強く取り組もうとしているかという側面であり，二つはそのなかで，自らの学習を調整しようとしているかという側面です。これからは「主体的に学習に取り組む態度」の観点を社会的事象についての知識・技能の習得や思考力，判断力，表現力などの能力の育成と結びつけて評価します。

POINT

「主体的に学習に取り組む態度」の観点は，子どもの学びの外見を評価するのではありません。学習に対する粘り強さと自己調整力を発揮しながら，社会的事象に対してどのように思考し理解を深めようとしているかなど，子どもの学びの意思的な側面を評価するものです。

「人間性等」に関して評価する必要はないと受けとめていませんか。

　ここで言う「人間性等」とは，「資質・能力」の「3つの柱」のうち，3つ目の後半に示された事項のことです。学習指導要領の各学年の目標(3)には「人間性等」に関わって，次のような事項が示されています（下線は筆者）。

【3・4年】

・地域社会に対する誇りと愛情，地域社会の一員としての自覚を養う。

【5年】

・我が国の国土に対する愛情，我が国の産業の発展を願い我が国の将来を担う国民としての自覚を養う。

【6年】

・我が国の歴史や伝統を大切にして国を愛する心情，我が国の将来を担う国民としての自覚や平和を願う日本人として世界の国々の人々と共に生きることの大切さについての自覚を養う。

　ここに示されている自覚，誇り，愛情といった内容はきわめて心情的な部分であり，個人の内心に関わることです。「国を愛する心情」が養われたかどうかを把握することはもとより，養われた状況をA・B・Cといった基準で判断・評定することは困難です。このことから，学力を構成する要素からも外されました。これは「人間性等」に関わる事項が観点別評価に馴染まないことを意味しています。

　単元や小単元の目標は，学習指導要領に示された目標や内容を踏まえて設定することになります。目標には，上記の「人間性等」に関わる事項も含めます。このことによって意識して指導することができるようになります。しかし，観点別評価を行わないことから，十分な指導や評価が行われなくなり，目標が絵に描いた餅になることが危惧されます。

　自覚，誇り，愛情などといった子どもの内心や心情面に関する評価は，道

徳科と同じように個人内評価という方法で行うことになります。個人内評価とは，一人一人の子どもについて，学習に対する進歩の状況やよさや可能性を見いだし評価するものです。目標に照らして判断し評定するというよりも，目標に示されたことの学びや育ちがそれぞれの子どもにおいてどのような状況なのかを観察し評価するものです。

　観察・評価した結果を「Ａ・Ｂ・Ｃ」に置き換えたり数値で表したりするのではなく，記述式で記録に残すことになります。これからは，子どものエピソードなどの事実に対して，教師が評価し励ましたり，新たな課題を提起したりすることが中心になります。理論上は納得できますが，実際には教師の負担増にならないか気がかりです。

　指導要録（様式２）には，「人間性等」に関連して記載するスペースは各教科に用意されていません。特に顕著な事項がある場合のみ，「総合所見及び指導上参考となる諸事項」の欄に要点を箇条書きで記載します。普段には，評価した結果を子どもとの触れ合いのなかで，あるいは保護者との面談などの場で日常的に伝達し，子どもが自らの学習の改善に生かすよう促します。

　すべての子どもの評価の結果を明確に記録することがなくなることから，今後，「人間性等」に関する事項の指導と評価が手薄になったり軽視されたりしてしまうことが心配されます。

　社会科は国家・社会の形成者を育成するための中核になる教科です。各学年の目標に示されている自覚や誇りや愛情などを養うことは，社会科の重要な役割です。社会科の教科としての役割を果たすためにも，「人間性等」に関する事項の指導と評価を形骸化することがないようにしたいものです。

学習指導要領の目標に示された「人間性等」に関する事項も，ほかの事項と同様に単元や小単元の目標に位置づけられます。これらの学習状況は観点別評価ではなく，子ども一人一人の進歩の状況やよさや可能性を見取る個人内評価という方法で行います。

ペーパーテストは万能だと 受けとめていませんか。

　学校教育において，ペーパーテストは伝統的に実施されてきた評価方法です。評価と聞くと，ペーパーテストを連想する人は少なくありません。文部科学省などが実施している学力調査を絶対化し，調査結果に一喜一憂するなどペーパーテストの結果を過大に評価する傾向や絶対的なものと受けとめるなどの「テスト神話」も一部に見られます。

　確かに，ペーパーテストには次のようなメリットがあります。

- 多人数を対象に短時間に一斉に実施することができ，効率性に優れていること。
- 評価結果を数量的に表すことができることから，評価の客観性，公平性が高いこと。
- 知識や理解に関する事項については問題の作成と採点が容易であること。

　ペーパーテストは，知っているかどうか，理解しているかどうかの評価には優れていることから，社会科では長く取り入れられてきた評価手段です。

　ペーパーテストの問題作成に当たっては，真偽法，単純再生法，選択完成法，多肢選択法，組み合わせ法，完成法，訂正法などさまざまな形態の問題が開発されてきました。これらは「知識・理解」の観点の評価には優れた手段でした。

　一方，ペーパーテストには次のようなデメリットがあります。

- 思考力，判断力，表現力などの能力や主体的に学習に取り組む態度に関する事項を評価する問題の作成が困難であること。
- 学習の過程において実施することが難しく，途中の学習状況が捉えにくいこと。
- 暗記していれば解答できる問題が中心になりがちであること。
- ペーパーテストは多くの場合，学習の終末で実施され，学習の過程におけ

る状況が捉えにくいこと。

　このように，ペーパーテストのもつメリットとデメリットを整理すると，ペーパーテストが万能の評価方法（手段）ではないことがわかります。

　知識の習得を重視してきたこれまでの社会科授業では，ペーパーテストは主要な評価方法でした。ところが，能力や態度を含めた多角的な資質・能力を養い，その実現状況を評価するためには，ペーパーテストに偏重した伝統的な評価観を改める必要があります。

　子どもの学習活動に応じて，また評価する資質・能力によって，次のような多様な評価方法を組み合わせるなど工夫する必要があります。

・子どもの発言内容の分析による評価
・子どもの表現した作品やノートなどの記述内容の分析による評価
・子どもの行動や態度の観察による評価
・子どものエピソードの分析による評価
・質問紙（アンケート）による評価
・子ども相互の評価や子ども自身による自己評価

　これらの評価方法のなかには，教師の観察力や洞察力，理解力が求められるものもあり，教師自身の力量が問われます。

　子どもの作成した新聞やパンフレット，地図や年表などの作品を評価するとき，どうしても制作の結果（作品としての完成品）を評価しがちです。ややもすると，文字や絵などの綺麗さやレイアウトなど見栄えや出来栄えに目がいきがちです。社会科としての評価のポイントは，どのような事実を，どのように整理・考察しているか。社会や社会的事象に対する理解や認識の状況を捉えることです。

POINT

ペーパーテストにはメリットとデメリットがあります。ペーパーテストのよさを生かしつつも，学習活動に即してさまざまな評価方法を取り入れ，子どもの学習状況を多面的・多角的に捉えるようにします。

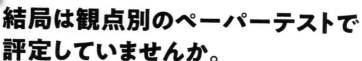
結局は観点別のペーパーテストで評定していませんか。

　市販されている社会科のペーパーテストは，これまで「知識・理解」「観察・資料活用の技能」「思考・判断・表現」の観点ごとに作成されてきました。一部に「関心・意欲・態度」を評価する問題も見られました。これらの観点が単元ごとに網羅されていますから，単元末において最終的に評価する手段として利便性を発揮してきたと言えます。

　多くの小学校の通知表は，各教科の成績を観点別に記載するようになっています。研究授業など特別な場合を除いて，日頃の指導においては子どもの学習状況を観点別に評価して，その結果を日常的に記録することはほとんど行われていません。そのため，どうしてもペーパーテストの結果をもとに評定する傾向が見られます。結果が数字で表れますから，客観性が高く判断がしやすいからでしょう。通知表に記載した成績に対して，保護者や子どもから異議が出されたとき，根拠を示して説明もしやすくなります。

　ところが，授業中の子どもの学習状況とテストの結果とのあいだにギャップが生じることがあります。例えば，授業中に活発に自分の考えを述べていた子どものテストの結果が悪かったり，逆に資料などであまり熱心に調べていなかった子どもの成績がよかったりする場合があります。

　このようにテストの結果だけで評定してしまうと，前者の子どもは授業中の努力が報われず，「結局はテストの結果で決まってしまうのか」とがっかりしてしまいます。授業中に意見などを述べることに対する意欲の減退にもつながります。一方，後者の子どもはテストの点数だけを上げることにさらに関心を高めていきます。授業に積極的に参加しようとする態度の育成にはつながりません。成績のつけ方は子どもの授業観，学習観に大きな影響を及ぼします。

　ある保護者から聞いたことです。社会科のテスト問題を家庭ですべて保存

していたそうです。テストの結果から想像していた成績と，学期末に手渡された通知表に記載された成績とが大きく違っていたというのです。成績のつけ方に対する疑問を抱いているようでした。こうした疑問が学校や教師に対する不信感や不満感を増幅する可能性もあります。このような事態を生み出さないようにするためには，学習評価の目的や方法，成績のつけ方などについて，年度のはじめなど折にふれて分かりやすく説明しておくとよいでしょう。保護者のなかには伝統的な評価観を維持し，テストの結果だけで成績がつけられていると思っていることも予想されるからです。

　次は，保護者や子どもたちに説明する際のポイントです。

●成績はテストの結果だけでなく，授業の発言やノート，作品などの内容を見て，総合的に判断・評価すること。

●学習の成果や結果だけでなく，学習の過程における努力の様子や進歩の状況を継続して観察して判断・評価すること。

●指導する際には目標を設定し，そこには知識や技能だけでなく，思考力，判断力，表現力などの能力や主体的に学習に取り組む態度が位置づけられており，それらに照らして習得・育成の状況を判断・評価すること。

　さらに，観点別に評価することの意味，各観点の趣旨，評価の仕方などについても，事例をあげながら分かりやすく説明します。

　こうした説明は学期末に通知表を渡すときでは遅すぎます。年度や学期の最初に行うと効果的です。子どもにとってはこれからの学習に対して努力の目安になり，保護者にとっては家庭で子どもを指導する際のヒントになるからです。できるだけ早い時期から心づもりをすることができるようにします。

子どもの学習状況を継続して評価しても，結局はペーパーテストの結果だけで評定すると，子どもや保護者は結果だけを重視するようになります。成績のつけ方を事前に説明しておくことが，評価結果に対する信頼性を高めることにつながります。

あ と が き

　学校で社会科の授業を参観して気になる現象があります。それは授業が学習指導案どおりに淡々と流れ，授業の意外性や教師の立ち往生が見られなくなったことです。「授業は台本のないドラマだ」と聞いたことがあります。授業でドラマチックな場面に出会うことが少なくなってきたように思います。

　私はかつて授業中に，次の発問がどうしても出てこない場面に遭遇したことがあります。数分間の沈黙が続きました。子どもたちから「先生，どうしたんですか」と心配する声が聞かれました。私は正直に「実は，みんなにどう聞いたらいいかわからず，発問に困っているのです。どんなことを聞いたらいいかな。先生に教えてくれないかな」と話しました。すると，子どもたちから，これまでの授業の流れを踏まえた，子どもなりの「発問」が返ってきました。私に代わって子どもたちが授業をつくってくれた場面でした。

＊　　　　　　　　　　　＊

　学校にはこれまで，子どもの「言語活動」を充実させることが求められてきました。これは指導方法に関わる課題ですから，「いかに」指導するのかといった方法論にどうしても関心が向きがちです。

　体育科の授業でのことでした。時期は２月です。跳び箱のとび方について小グループでの話し合いが行われていました。手の着く位置や踏切板の踏み込み方などについて，あれこれ意見を出し合っていました。熱中した話し合いが続いていたのですが，子どもの様子を見ていると，寒くて震えているのです。体が冷えてきたのでしょう。体育科の特質は思う存分に体を動かすことにあります。運動量が少なく，体が震えている状態が本当によいのか。このような授業が本来の体育科なのか，疑問をもちました。

　言語活動を充実させたいあまり，子どもの話し合う活動を優先させ，体育科の趣旨を外してしまっては本末転倒です。

　「対話的な学び」を実現させるために，まず一人で考え，次にグループで意見を交換し，さらに学級全体で交流するという流れの授業をたびたび参観

することがあります。子どもたちが一本のレールの上を走っている印象を受けます。何のために，このような手順をとっているのだろうかと疑問に思うこともあります。形や方法を優先させてはいないでしょうか。

「見方・考え方」を働かせた授業づくりや「主体的・対話的で深い学び」を実現する授業づくりが新たな課題になっています。これらの課題はいずれも指導方法の改善を求めているものです。「いかに」実現させるかといった指導方法を考えることは重要なことですが，そのまえに確認しておきたいことがあります。それは，これらの課題がなぜいま求められているのかという背景と，何のために求められているのかという目的です。

背景や目的を明確に押さえることなく，いきなり方法を考え実践していくと，その方法が目的化してしまうおそれがあります。さらに，その方法が画一化し，硬直した型にはまった授業になることも危惧されます。

背景や目的を押さえないままの授業，教科の役割が十分に果たせていない授業は，社会科においても他人ごとではありません。アクティブな授業を意識するあまり，社会科と総合的な学習の区別が曖昧になったり，道徳科や家庭科と間違われるような社会科の授業になったりしてしまっては困ります。

＊　　　　　　　　＊

私が大切にしてきた言葉に「原則を明確に，実践を多様に」があります。子どもの実態に応じた多様な指導方法を工夫するためには，原則に当たる背景と目的を明確にすることが授業づくりの重要なカギだと言えます。

新しい授業課題への挑戦が求められているなか，先に紹介した体育科のような授業の二の舞にならないよう，「なぜなのか」と「何のためなのか」を改めて確認したいと思います。

終わりになりましたが，本書の執筆に当たって，妻の淑恵が快適な環境を整えてくれました。このような形でまとめるには妻の援助が不可欠でした。温かく見守ってくれていることに心から感謝します。

令和元年10月

北　　俊　夫

【著者紹介】

北　俊夫（きた　としお）

福井県に生まれる。

東京都公立小学校教員，東京都教育委員会指導主事，文部省（現文部科学省）初等中等教育局教科調査官，岐阜大学教授，国士舘大学教授を経て，現在，一般財団法人総合初等教育研究所参与及び学校教育アドバイザーとして講演や執筆活動を行っている。

〔主著〕

『「主体的・対話的で深い学び」を実現する社会科授業づくり』『「思考力・判断力・表現力」を鍛える新社会科の指導と評価』『"知識の構造図"を生かす問題解決的な授業づくり』（明治図書出版），『「ものの見方・考え方」とは何か』『社会科 学習問題づくりのマネジメント』『なぜ子どもに社会科を学ばせるのか』（文溪堂）など多数。

〔編著〕

『小学校社会科「新内容・新教材」指導アイデア』『小学校社会科「重点単元」授業モデル』（明治図書出版）など。

〔本文イラスト〕木村美穂

社会科授業サポートBOOKS

あなたの社会科授業は間違っていませんか

2020年2月初版第1刷刊　ⓒ著　者　北　　　　俊　夫
　　　　　　　　発行者　藤　原　光　政
　　　　　　　　発行所　明治図書出版株式会社
　　　　　　　　　　　　http://www.meijitosho.co.jp
　　　　　　　　（企画）及川　誠（校正）西浦実夏
　　　　　〒114-0023　東京都北区滝野川7-46-1
　　　　　振替00160-5-151318　電話03（5907）6703
　　　　　　　　　　　　ご注文窓口　電話03（5907）6668
＊検印省略　　　　組版所　中　央　美　版

Printed in Japan　　　　　ISBN978-4-18-278015-8

もれなくクーポンがもらえる！読者アンケートはこちらから
→